上图 / 在苏联留学时的刘兴洲

下图 / 1957 年，刘兴洲在国防部五院参军

上图 / 刘兴洲在办公室

下图 / 刘兴洲（左）与梁守槃院士（右）亲切交谈

上图 / 刘兴洲在奥运火炬赴藏出征仪式上讲解火炬技术

下图 / 刘兴洲接受国资委网站采访

上图 / 刘兴洲参加学术会议

下图 / 刘兴洲（右一）向中国工程院副院长朱高峰院士介绍工作

上图 / 72 岁生日时的刘兴洲

下图 / 刘兴洲接受电话采访

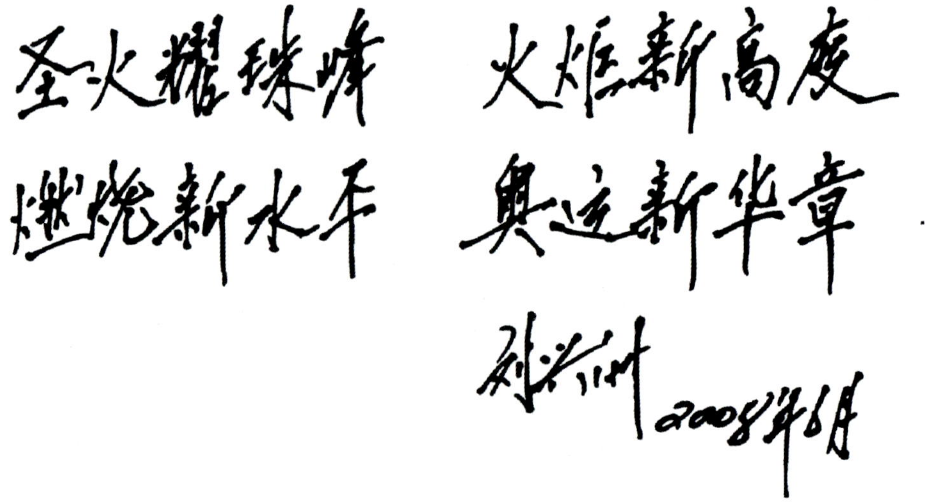

上图 / 刘兴洲在珠峰火炬点燃成功纪念照片上签名

下图 / 刘兴洲为奥运火炬成功研制及2008年北京奥运会赋诗

上图 / 刘兴洲（前排左五）等迎接珠峰火炬试验队队员凯旋

下图 / 刘兴洲在传递火炬过程中

上图 / 刘兴洲与夫人李若男结婚周年纪念照

中图 / 刘兴洲和夫人李若男

下图 / 刘兴洲夫妇与外孙

刘兴洲院士传记

Academician Liu Xingzhou's Biography

《中国航天院士传记丛书》总编委会 组织编写
索阿娣 陈 龙 江雪莹 著

中国宇航出版社
·北京·

图书在版编目(CIP)数据

刘兴洲院士传记 / 索阿娣，陈龙，江雪莹著 ；《中国航天院士传记丛书》总编委会组织编写.-- 北京 ：中国宇航出版社，2016.9

(中国航天院士传记丛书)

ISBN 978-7-5159-1175-5

Ⅰ.①刘… Ⅱ.①索… ②陈… ③江… ④中… Ⅲ.①刘兴洲－传记 Ⅳ.①K826.16

中国版本图书馆 CIP 数据核字(2016)第 221119 号

责任编辑 黄 莘
责任校对 王 妍 马 喆 **装帧设计** 宇星文化

出版发行 中国宇航出版社

社 址 北京市阜成路 8 号 **邮 编** 100830
(010)60286808 (010)68768548

网 址 www.caphbook.com

经 销 新华书店

发行部 (010)60286888 (010)68371900
(010)68286887 (010)60286804(传真)

零售店 读者服务部
(010)68371105

承 印 三河市君旺印务有限公司

版 次 2016 年 9 月第 1 版
2016 年 9 月第 1 次印刷

规 格 787×960

开 本 1/16

印 张 16.75 **彩 插** 8 面

字 数 244 千字

书 号 ISBN 978-7-5159-1175-5

定 价 58.00 元

本书如有印装质量问题，可与发行部联系调换

《中国航天院士传记丛书》总编委会名单

编审委员会

主　　任　许达哲　高红卫

副 主 任　雷凡培　曹建国

委　　员　李金生　方向明　袁　洁　李　跃　包为民

编撰委员会

总 主 编　许达哲　高红卫

副总主编　李　跃　包为民

委　　员（按姓氏笔画排列）

于世元　马礼谦　王亚文　邓宁丰　朱芝松

朱忠元　任玉琨　孙玉斌　李　明　李　锋

陈学钏　张连成　周晓飞　侯　晓　贾　可

梁小虹　谭永华

总编委会办公室

主　　任　周晓飞　朱忠元　邓宁丰

成　　员（按姓氏笔画排列）

丁雅清　于　宁　于　希　王来成　李卫东

杨利伟　辛大广　张铁钧　范占英　唐　燕

徐　睿　戴品华

《刘兴洲院士传记》编审委员会名单

编审委员会

主　任　于世元

副主任　崔春满　高文坤

委　员　张建刚　王　黎　邹　洪　戴江勇　张　丽
　　　　武好军　任家祥　刘德胜　刘　亮　申震宇
　　　　何保成

编审委员会办公室

主　任　王　黎

副主任　岳　铮　刘志强　刘　铭　刘　航

成　员　刘子豪　屈光续　王　威　闫　俊　王　华
　　　　刘华英　刘　丹　姜　坤　张晓倩　卢德会
　　　　柴晓莉　吴垚锃　郭翠萍　杨虞微　刘一丹
　　　　侯甫芳　杜　静　于伟佳　南静河

序　一
Preface I

中国航天事业自1956年创建以来，已经走过50多年的发展历程。在党中央、国务院、中央军委的亲切关怀和英明领导下，中国航天人团结一心、顽强拼搏、勇于创新、无私奉献，不仅取得了以“两弹一星”、载人航天工程和月球探测工程为代表的辉煌成就，孕育形成了航天传统精神、“两弹一星”精神和载人航天精神，也造就了一支技术精湛、作风优良的航天人才队伍。

航天系统的中国科学院院士和中国工程院院士就是这支队伍的杰出代表。中国航天科技集团公司和中国航天科工集团公司先后有50多位科学家和航天工程专家当选为两院院士。其中，有7位院士获得过“两弹一星”功勋奖章，2位院士获得过国家最高科学技术奖。他们不仅是航天成就的主要创造者，也是航天精神的重要孕育者和忠实践行者。

中国航天事业是在新中国成立不久，工业实力、科技实力、综合国力都很薄弱，帝国主义严密封锁，苏联撕毁协定、撤走专家的情况下发展起来的。以航天院士为代表的中国航天人，自力更生，艰苦奋斗，奋发图强，顽强拼搏，在一穷二白的基础上，独立自主地创建起了中国的航天事业。

航天型号研制是复杂的系统工程，涉及很多领域，需要众人参与，必须大力协同、集智攻关才能完成。以航天院士为代表的中国航天人，在航天工程研制实践中，齐心协力，密切配合，实现了一次又一次技术突破，铸造了一项又一项辉煌成就。他们为祖国的航天事业作出了巨大贡献，却淡泊名利，不计得失，将个人利益置之度外。

航天事业属于尖端技术领域，难度大、风险高、技术复杂，在发展历程中碰到过很多难题，经历过各种坎坷，甚至遭受过重大失利。以航天院士为代表的中国航天人，在困难和失败面前不动摇、不退缩，树立百折不挠、锲而不舍、脚踏实地、严谨务实的工作作风，不断攻坚克难、勇攀高峰，取得了一个又一个胜利，树立了一座又一座丰碑。

今天，在由航天大国向航天强国迈进的征程中，航天院士的科学思想、创新意识、坚定信念和爱国情怀是全体航天人宝贵的精神财富。中国航天科技集团公司和中国航天科工集团公司决定出版《中国航天院士传记丛书》，不仅是为了宣传航天院士的科研成就，总结航天院士的成长规律，更是为了传承航天院士的宝贵精神，使之生生不息、薪火相传，为“续航天梦、筑强军梦、圆中国梦”的伟大实践提供精神动力和思想源泉。

许达哲

2014 年 1 月

序　二
Preface Ⅱ

中国航天事业创建半个多世纪以来，培养和塑造了一大批功勋卓著、德高望重的中国科学院院士和中国工程院院士。他们具有坚定的理想信念和强烈的爱国情怀，理论功底深厚，技术水平高超，善于引领科学发展和技术创新，在中国航天事业发展的关键时期发挥了重要作用，为中国航天事业取得辉煌成就、孕育航天精神作出了突出贡献。

为了全面、系统地总结航天院士的成长规律，把航天院士的科学思想和创新方法记录下来、传承下去，为中国航天事业积累精神财富，为航天强国建设提供有益借鉴，中国航天科技集团公司和中国航天科工集团公司研究决定，组织编写一套《中国航天院士传记丛书》（以下简称《丛书》）。

党的十八大描绘了坚持中国特色社会主义道路、全面建成小康社会、实现中华民族伟大复兴的宏伟蓝图，同时也为加强国防和军队现代化建设、推进我国由航天大国向航天强国迈进指明了方向。在中国航天事业“续航天梦、筑强军梦、圆中国梦”的新形势下，出版这套《丛书》，具有重大的现实意义和深远的历史意义。

记载航天历史。航天院士是中国航天事业的宝贵财富，他们的成长历程反映了航天事业的发展轨迹。这套《丛书》不仅是航天院士个人的传记，也从不同侧面记载了中国航天从技术到管理、从思想到精神的真实历史。

弘扬航天文化。宣传航天院士，就是站在科学的高度，向社会各界全面宣传航天事业，弘扬航天文化，使其成为中华民族文化宝库的重要组成部分，增强中华民族的自信心、自豪感和凝聚力，提升国家的软实力。

传承航天精神。航天精神是包括航天院士在内的几代航天人，在中国航天事业发展历程中，不断积累、提炼、传承而逐渐形成的，是民族精神、时代精神与航天实践相结合的产物，是中国航天事业之魂。《丛书》全面反映了航天院士的学术成就、科学作风和思想品格，有助于航天精神薪火相传。

培育航天人才。中国航天事业已经完成了新老交替，一代航天新人正在茁壮成长。《丛书》是泽被后世的人才工程，对于培育航天人才、发展航天事业、铸造新的辉煌将产生积极的促进作用。

总之，《丛书》是一套具有航天特色的爱国主义教材，是不可多得的精神食粮。相信这套《丛书》的出版发行，必将吸引更多的年轻人热爱航天、投身航天、奉献航天，以饱满的热情和昂扬的斗志再攀高峰，使中国航天事业后继有人，蓬勃发展，续写辉煌。

高红卫

2014 年 1 月

目 录
Contents

引 言

2009年10月1日上午10点，庆祝中华人民共和国成立60周年阅兵式在北京举行，多种新式武器接受检阅。这是中国第14次，也是新世纪的第一次阅兵。新武器、新装备、新方队，以恢宏、磅礴之势，再度震惊世界，也见证了新中国的成长和人民军队的发展壮大。

作为国防力量最重要代表的导弹方阵，中国航天科工集团公司研制的受阅装备阵容强大，11个型号近400发导弹接受了祖国和人民的检阅。其中，10个型号参加地面装备方队，1个型号参加空中挂飞编队，总数约占全部受阅装备的1/4，涉及陆军、海军、空军和第二炮兵4个军兵种。

天安门前、金水桥畔的观礼台上，一位清瘦矍铄、斯文儒雅的古稀老人身着正装、心潮澎湃。那一刻，新中国的强盛尽收眼底，“撒手锏”的寒锋令敌人胆战心寒。回想起自己60多年前在沦陷区度过的艰难岁月，他感叹万分，中国人被欺辱的时代已经一去不复返了！

这位古稀老人就是中国工程院院士、著名的冲压发动机技术专家、新型飞航导弹发动机研制的重要开拓者、新型冲压发动机研究的倡导者，也是北京奥运会火炬燃烧系统的总设计师——刘兴洲。

作为有着“导弹工业领跑者”之称的中国航天科工集团公司的代表之一，刘兴洲是中国国防科技工业的“大功臣”。

第一章

津门时光

少年刘兴洲，因为在沦陷区的生活经历，理解了国家强盛的重要性，立志将来要报效祖国。“兴洲”二字，引领着他一路前行、自强不息。

1. 风雨飘摇　海河之畔刘家子

1933年1月3日，日本攻陷了有着“天下第一关”之称的山海关。随后，日本收编东北伪军为地方警备队，分驻黑龙江各县，并以傀儡政权“满洲国”的名义，要求热河省的中国军队在24小时内撤退。长城危急！平津危急！华北危急！

2月26日，上海总工会发表《告全国工友书》，提出要团结一致，共赴国难，厉行抵货，加紧抗日。然而，蒋介石却在国难当头之时，加紧“围剿”红军。他在南昌向其将领宣布：抗日必先剿匪，匪未剿清之前，绝对不能言抗日，违者给予最严厉的处罚。

日本侵华的战火还未殃及华北当时的经济中心——天津。但是，山海关失守后，天津的爱国人士也都沉浸在悲痛、失落和对国家命运前途的担忧中。街头巷尾热议的话题，不是买什么年货、制什么新衣，而是前线的紧迫战况。

1933年3月17日，天津市红桥区河北关上挑水胡同1号的四合院里，迎来了一个小生命的诞生，这是家中出生的第二个男孩。在当时混乱的社会背景下，父母在这一代孩子身上寄托了太多振兴中华的希望，因此孩子们的名字里

幼年刘兴洲（前排左一）和家人合影

都有一个“兴”字。按照“华洲汉业”的排序，这个孩子被取名为刘兴洲。

刘兴洲出生在一个三代同堂的大家庭，后来他又陆续有了 7 个弟弟妹妹，家里一共有 9 个孩子。刘兴洲的父亲毕业于当地的一个教会学校——新学书院，那所学校的课本是外文的，授课也用外文。由于这样的教育背景，父亲毕业后就在德国人开的天津瑞德洋行里工作。刘兴洲的祖父早先以做生意为生，后来在一家保险公司工作，工作之余，他还特别热衷于公共事务。由于具有一定的威望，街坊邻居遇到不好解决的事情或者产生了民事纠纷，都会去找刘兴洲的祖父，求其帮着公道地解决。

刘兴洲（后排右二）等兄妹 9 人合影

刘兴洲的母亲和祖母都是典型的中国传统妇女：勤劳、善良、贤惠，一门心思操持家务，照顾着一家人的生活起居。母亲虽然识字不多，但特别聪明、能干。几个孩子的衣服、鞋子都是她一针一线做出来的，而且只要是外面商店里有的款式，母亲看到了，就会自己裁剪、自己做，式样和卖的比起来竟不相上下。鞋、帽子、毛衣、围巾……那么多孩子的全身穿戴，都出自母亲的巧手。虽然也是哥哥的衣服穿小了再给弟弟穿，但母亲总是能让大家穿得整洁而又体面。

刘兴洲小的时候，他的家里虽然谈不上多么富裕，但与天津的其他家庭相比，也维持在中等偏上的生活水平。更重要的是，家庭氛围始终很和睦温馨。长辈们非常疼爱孩子们，但同时对他们的要求也很严格，尤其是在教育和品德方面。祖父和父亲经常跟孩子们讲念书的重要性，常常将“读万卷书，行万里路”“书中自有黄金屋”等古训挂在嘴边。

1942年，刘兴洲（后排左一）等兄妹5人合影

刘兴洲祖父的老家是河北省蓟县，从农村走出来的他深知农民的不易，总是教育大家要勤俭节约，吃完饭碗里不能有剩下的饭粒；要走正路、不要走邪路；要注意结交正派人，要自食其力……这些点点滴滴的做人做事准则，孩子们从小便熟记于心。严格的家庭教育和长辈的言传身教，让刘兴洲和他的兄弟、妹妹们从小就养成了良好的习惯，形成了正确的价值观，并对他们的一生都产生了重要的影响。

天津特殊的地理环境，也塑造了刘兴洲“海纳百川、有容乃大”的性格。“九河下梢天津卫，三道浮桥两道关”，海河水系的全貌像一把扇子，将南、北运河，大清河，子牙河和永定河等多条河流揽入怀中，刘兴洲从中读懂了海河儿女的“兼收并蓄”。

天津始于隋朝大运河的开通，唐朝中叶以后成为南方粮、绸北运的水陆码头，宋元时期，成为军事重镇和漕粮运转中心。明朝永乐年间筑城设卫，称为“天津卫”。随着人口增加和商业发展，天津逐步成为华北地区的经济中心。

成长在天津这座历史悠久、地位重要的城市，让刘兴洲从小就有一种使命感，他很早就将个人的命运与国家的命运联系到了一起。

2. 抗战爆发　流离失所避战乱

1937 年 7 月 7 日，驻华日军在卢沟桥附近演习时，借口一名士兵“失踪”，要求进入宛平县城搜查，其无理要求遭到中国守军的严词拒绝，日军遂悍然向中国守军开枪射击，炮轰宛平城，“七七事变”就此爆发。这是日本军国主义蓄谋已久的挑衅行为，长达 8 年的抗日战争开始了。此后，日本侵占我国华北大片领土，并把侵略的魔爪伸向了中国内陆腹地。

日本人打到天津的时候，刘兴洲才 4 岁多。他亲眼看到日本的轰炸机在天空中盘旋，往下面投放着一枚枚炸弹，很多房子被炸毁，防空警报声此起彼伏，自己曾经玩耍过的地方燃起了熊熊大火。

残酷的战争场面在刘兴洲幼小的心灵里埋下了无法抹去的伤痛、恐惧与愤怒。他不禁心想："要是中国也有自己的飞机该有多好啊！"也就是从那时起，"长大了造飞机，让中国人不再受欺负"成为他孩提时代隐隐约约的梦想。他甚至用硬纸片剪成小飞机，用橡皮筋弹射，希望自己的飞机也能飞起来。

为了躲避战乱，刘兴洲一家人开始逃难。他们在其他地方没有亲戚，也不知道应该往哪里逃，只是跟着混乱的人群往没有被轰炸的地方逃。他们坐船从天津出发，过了一段流离失所的日子，一家人从一处赶往另一处，沿途就住在当地农民的家里。经过一段东躲西藏的生活，最后他们逃到了距离天津市中心 16 千米的杨柳青镇。

7 月 29 日，在飞机和大炮的掩护下，大批日军从大沽口登陆，开进天津。日本侵略者将地处八里台的南开大学视为抗日中心，不仅派飞机狂轰滥炸，还派出数辆军车满载煤油前去纵火，把南开大学的图书馆、教室和宿舍等付之一炬。

日军的野蛮侵略使天津成千上万的普通居民遇难身亡，市政府、警察局、造币厂、法院、车站、电台、商厦和工厂被炸毁烧焦，天津遂告沦陷，数十万难民无家可归。所幸，刘兴洲家里的四合院并没有在战争中被毁坏，等战局稍稍平稳下来，他们一家人又回到了天津市的家中，成为众多生活在沦陷区的中国老百姓中的一部分。刘兴洲也在那布满阴霾的 8 年时光中，经历了他痛苦的童年时代。

3. 沦陷岁月 少年便识国家强

回家以后，刘兴洲父亲工作的洋行早已关门。因为德国在第二次世界大战中是轴心国，大量征集兵源，所以洋行里的德国人都回国了。父亲开始和同事做进出口贸易，进口汽车零件，只是在那样的环境中，这样的贸易并不景气。祖父的生意也大不如前了。随着家中子女的逐渐增多，全家只靠父亲一人工作养家，生活变得越来越困难。

不久以后，刘兴洲开始上小学，他很快发现，学校里需要学习日语，每个学校都配备了日语老师，强制规定学习内容，对学生们进行奴化教育。日本人还组织学生们成立“童子军”，按照日本的方式进行军事训练。稍稍大一些的孩子还被日本人强行派去做苦力、当劳工，强迫“勤劳奉事”。每当刘兴洲的哥哥去做劳工时，全家人都很担心他被抓走再也回不来。

在街上，他时常看到一群日本孩子殴打中国孩子，日本士兵在街上横冲直撞，欺压中国百姓。刘兴洲和哥哥都非常痛恨日本人，每一件事都震撼着他们幼小的心灵。从那时起，刘兴洲萌发了爱国的思想，加深了对战争、亡国奴等词汇的认识，更深刻地理解了国家强盛的重要性，立志将来要报效祖国。

也许是因为这样的志向和动力，刘兴洲从小所表现出的对知识的渴求，和其他的孩子不一样。他考试时总是拿到班里的第一名，经常被老师夸奖，但他从不骄傲，对待同学很谦虚，同学们都愿意跟他一起玩儿。放学之后，他经常带好朋友到家里玩儿。很多年后，他还能记起当年和他关系很好的小伙伴的名字。

父母有时会给孩子们一点零花钱，兄弟们拿到钱会用来买些零食或玩具，但刘兴洲从来都是把钱攒起来去买书。家附近有一个比较大的商务印书馆，刘兴洲常去那里买书。上中学时，他买了一本维新派人士梁启超的《饮冰室全集》，这是比较翔实的梁启超著作集，也是研究近代中国政治、思想、文化的重要史料。

刘家四合院的大门朝西，进门后右手边是一间厨房，对面是储藏室和卫生间。南边和北边各有三间房，刘兴洲的父亲母亲住在南屋，祖父祖母带着刘兴洲和哥哥住在北屋，祖父一人则睡在北屋外间的单人床，旁边有一个书桌。夜深人静时，大家都睡了，刘兴洲却经常坐在那个书桌前看书，除了看课本，还读很多课外书。哥哥晚上起来上厕所，经常能看到弟弟读书的身影。祖父的书桌几乎成了刘兴洲的专用品。

一般小孩都比较贪睡，但刘兴洲看书到深夜，早上很早就起床，起来后还去看书。心疼他的祖母看到了，便很早起床给他做早点。不仅如此，从小学开始，刘兴洲就有意识地培养自己在比较嘈杂、混乱的环境中阅读的能力。祖父晚上有时候会在北屋打麻将，别的小孩忍不住好奇会去围观，刘兴洲却依然在旁边的书桌边津津有味地看书。

闹中取静，心无旁骛，几乎成了刘兴洲一生的习惯，这也让他受益匪浅。正因为这样的原因，从小祖父最看重的便是刘兴洲，他曾经说过："兴洲是最有出息的孩子，将来必定成才。"祖父经常给大家出些趣味算术题，往往是其他人还没转过弯来，刘兴洲就已经算出答案了。他比较内向，不爱说话，但心里什么都明白，非常有主见，让长辈们非常喜欢。

刘兴洲的父亲是一个很刻苦、勤劳的人，除了每天上班，回家后还会看报纸、练书法、画画。受他的影响，刘兴洲的兄弟和妹妹们都爱好广泛，特别是在书法和画画方面兴趣较大。刘家要求很严，孩子们放学了要立刻回家，不能在外面乱跑或玩耍。大家回家以后，或自娱自乐，或照着字帖练书法，或临摹张大千等名家的画册。后来，家里还买来了画炭画和篆刻的工具，供孩子们在家里练习。刘兴洲曾画过自画像，还刻过各种篆文的图章，是兄弟中多才多艺的一个。

刘兴洲和兄弟、妹妹们知道母亲操持家务的劳累，便主动帮助母亲做家务，其中要数刘兴洲的表现最别出心裁。天津人经常做一种叫“炸果子”的面食，刘兴洲不仅熟练掌握面、碱、矾的配比，还能做出各种不同口味和花样，带给大家很多惊喜，但谁也不知道他的手艺是从哪儿学来的。

刘兴洲在街角的小书店和自家的书桌前，度过了一段难以忘怀的小学时光。尽管家庭生活条件不再那么宽裕，但家人的勤劳互助也让日子过得不那么拮据。

就这样，时间到了1945年，美国的编队飞机飞过天津上空，飞得特别高，尾巴上拖着几缕白烟。“同盟国要反攻了！日本人要完蛋了！”少年刘兴洲望着天空，心里有说不出的高兴。这时的他，已经会制作带螺旋桨的飞机模型了，“长大了要去造飞机”的念头更加强烈了。

8月，美国在日本广岛和长崎投下两颗原子弹。与此同时，中国的抗日战争也进入了大反攻阶段，8月15日，日本宣布无条件投降，中国人民浴血奋战8年的抗日战争，终于取得了胜利。

抗日战争胜利后，又爆发了国内战争。国民党为了维护统治地位，剿灭中国共产党，发动了一场全面内战。天津作为“三大战役”之一平津战役的一线地区，也承受了战争之痛。这座国民党坚固设防和重兵守备的大城市，在 1949 年终于得到了解放。

所幸的是，这段时间里，刘兴洲的学业一直在继续。进入中学的他特别勤奋好学，初中教数学马碌老师的启发式教学，使他对数学产生了浓厚的兴趣。他有一个大本子，里面记有他感兴趣的数学题。大本子是他思维的“自由空间”，被他得意地命名为“四通八达”（博采众家之长，做到四通八达）。有一次，刘兴洲不小心把大本子遗失在学校，高年级的同学捡到后，特意在上面写下了热情鼓励的话语，给他送了回来。

初中毕业后，刘兴洲考上了天津高等工业学校。这是天津市最好的工业学校，也是一个非常受欢迎、非常难考的学校，从这所学校毕业后，就可以直接参加工作了。不过，刘兴洲很快了解到，在这所学校上完学，不能参加高考。为了读大学，他果断地退学了。

接下来，刘兴洲想直接转到天津其他中学继续读书参加高考，却发现程序比较麻烦。就在这个时候，他打听到北京有一家私立学校可以接收自己，便决定和同学张文彦一起到北京上高中。

两个孩子去北京时都不过十六七岁，在北京也没有亲戚，只能自己租房、做饭，就这样度过了一年独立而又艰苦的学习时间，他们又考回了天津，

1949年，刘兴洲（三排右一）于天津市立一中与初中同学毕业合影

进入木斋中学（现天津第二十四中学）读书。

1949 年全国解放前夕，天津学校停课，刘兴洲在家中自学了半学期几何，做完了全部题目，为参加高考做好了准备。

刘兴洲

刘兴洲院士传记

Academician Liu Xingzhou's Biography

第二章

求学生涯

在报效祖国的强大志向牵引下，刘兴洲考入了清华大学航空学院。随后，他又转入北京航空学院继续学习，朝着成为一名“德才兼备的航空工程师”而努力。

1. 考入清华 又红又专明方向

1951 年，刘兴洲以优异的成绩从天津木斋中学考入清华大学航空学院。当时能从天津考到清华大学的学生，主要来自三所中学：南开中学、天津十一中学和耀华中学。

那一年，天津共有 13 人考上清华大学航空学院，其中 9 个男生来自上面的 3 所中学，2 个女生来自南开女中，1 个女生来自耀华女中，只有刘兴洲，来自并不怎么出名的木斋中学，这一点给其他天津同学留下了非常深刻的印象。

说起报考航空学院的动力，还是源于刘兴洲因为日本侵华而产生的报国梦——为中国制造自己的飞机。新中国成立后，更需要有强大的国防实力，才能在国际社会站稳脚跟。刘兴洲从没有忘记自己的梦想，他在填报志愿时，郑重而又坚定地写下了“航空学院”。

在清华大学学习、生活的时间虽短，却对刘兴洲的一生产生了非常重要的影响，特别是培养了良好的学习方法、坚定了为人民服务的立场、增强了文学艺术的修养、养成了加强体育锻炼的习惯，这些都使他受益终生，并在困惑的时候为他指明正确的方向。

清华大学是一个名家荟萃、学术氛围浓厚且学术风气十分自由的地方。如果学生不喜欢某一门课程，可以随时从课堂上离开，没有人会强制他听课。但另一方面，清华大学对考试的要求很严格，学生可以不上课，但通不过考试是不被允许的。

刘兴洲在清华大学学习不到 1 个月，就参加过一次考试。那是物理课上的随堂考试，主要内容是考正在学习的力学。很多同学对这门课掉以轻心，结果一场考试下来，大部分人都不及格。这些能考上清华大学的学生，中学学习成绩在班里都数一数二，从没有过不及格的时候。这次考试的“下马威”，让他们明白认真对待课程以及深入理解概念和活学活用的重要性。

相似的事情还有物理实验报告。同学们在中学里也经常写些实验报告，以为随意应付一下即可，但到了清华大学，实验报告交上去后，竟有人得到负分。从那以后，大家开始十分认真地做实验，并按照规定内容和要求撰写实验报告。刘兴洲没有过不及格，更没得过负分，清华大学传递的“要认真对待学术”的理念，深深地刻在他的心里。

清华大学学术风气有多自由？从一个小故事可略见一斑。刘兴洲和他的同学曾经“赶走”过一个给他们上课的物理老师。原来，那个老师物理课讲得很不好，同学们都听不懂，意见也很大。当时的物理系负责人、著名物理学家、教育家王竹溪教授，直接到宿舍找到同学们，询问大家对这名物理老师的意见——有什么问题？哪里讲得不好？同学们纷纷反映，虽然那个老师是美国麻省理工学院毕业的，知识很丰富，但他的表达没有逻辑性，讲课缺乏系统性，很难跟上他的思路。经过充分调研，物理系最终给同学们换了一位新老师。

清华大学实行学时制，每天上课 4 小时，下午基本不上课，但是作业很多，同学们就结伴到图书馆自习。图书馆里资料丰富，环境很好，是大家自习的主要场所。

刘兴洲在班里的表现算不上十分抢眼，留给大家最多的印象就是学习认真刻苦、为人谦和低调，从来没有和班里的同学吵过架。

大学一年级开始学微积分，微分相对容易，有固定的办法解题，但积分比较难，需要掌握一定的技巧。刘兴洲做积分的速度非常快，但他从不张扬，自己做出来之后，也不会对其他没做出来的同学指手画脚。

因为待人诚恳、厚道而又宽容，刘兴洲在班里的人缘很好，很多同学都愿意跟他讲心里话。大一开学后没多久，全国就掀起了反贪污、反浪费、反官僚主义的“三反”运动。在这一时期，刘兴洲加入了中国新民主主义青年团，开始在年级里负责团的工作。

经历过苦难岁月的刘兴洲，对中国共产党有着格外的敬仰。星星之火，可以燎原。最终，是中国共产党解放了全中国，让中国人民过上了有尊严的生活。他在入党申请书里写满了自己的赤诚，以诚意感动了党组织。得知自己被批准加入党组织后，刘兴洲激动万分，他默默许下心愿，一定要为党旗添彩。

刘兴洲学习很刻苦，但越来越多的社会工作也对他的学习产生了一定的影响。因为要参加很多商量学院党团工作的会议，他晚上总是很晚回到宿舍，常常是宿舍其他人都睡了才回来。在那么重的学习压力下，刘兴洲只能靠比别人晚睡早起，来兼顾自己的学习和社会工作。

在清华大学期间，刘兴洲真正做到了“又红又专”，不仅学习成绩优异，思想政治方面的表现也十分突出。经济建设的蓬勃发展、授课老师的耐心教导、社会工作的补充锻炼，使他体悟到知识无涯、学无止境，更让他了解了如何依靠群众去组织工作。他懂得了掌握科学技术的重要性，但也辩证地看到科学技术既可以为人民服务，也可以用来反对人民，关键看为谁服务。他认定，一个人活着的价值在于对祖国、对人民有所作为，做一个有用的人。刘兴洲感到自己找到了强有力的精神支柱。

此间，清华大学提出了“8150”的生活方式，即每天 8 小时睡眠，1 小时锻炼，每周 50 小时学习，又号召同学们“为祖国健康工作 50 年”。因此，体育锻炼也一直是清华大学的一个优秀传统。每天下午 5 点开始，学校广播就开始播放“请大家放下书本，到操场进行体育锻炼，为祖国健康工作 50 年”的动员话语。这时，无论在学习、休息还是在做其他事情，大家都会自觉放下手头的事情，到操场进行体育锻炼。

著名运动员、体育理论家和体育教育家马约翰教授每天都会准时出现在操场，穿着白衬衣、白色短裤，扎着领结，非常精神。他不仅督促大家锻炼身体，还主动跟同学们交流健身知识。每当锻炼的同学出现崴脚、肚子疼等情况时，都会向他寻求帮助。由于马约翰教授带头，锻炼在清华大学成为了一种风气，并使很多人养成了一生坚持锻炼的良好习惯。刘兴洲也不例外。

学校分配宿舍时以考区为依据。刘兴洲和其他8名从天津来的同学住在一间宿舍，他是宿舍锻炼小组的负责人，每天他都会认真负责地召集宿舍同学一起到操场跑步、打球、跳绳……

1小时锻炼结束后，晚上6点到7点是休息时间，此时，学校广播会播放一些世界名曲。同学们吃完饭后，就会在外面静静地听音乐，包括刘兴洲在内的很多人对交响乐的兴趣，就是从这个时候培养起来的。

在清华园里，学生们总能在第一时间接触到政治、时事、艺术等方面的热点。这种得天独厚的资源优势，极大地开阔了大家的视野和思路，增强了书本知识以外的修养。大家都努力不做一个书呆子，而是“风声雨声读书声，声声入耳；家事国事天下事，事事关心”。

1950年11月，联合国安理会召开会议，审议中国提出的“美国武装侵略台湾案”。中国外交部副部长伍修权作为中国政府特派代表赴会，在联合国讲台上慷慨陈词，痛斥了美国对我国台湾领土入侵和战争威胁，维护了我国的主权和尊严。伍修权回国后，到清华大学演讲，全校师生都挤进礼堂听报告，连过道里都坐满了人。刘兴洲也被这股热情感染着，坐在礼堂里听得心潮澎湃。

学校里最热闹的时候要数每年元旦。图书馆有游戏，礼堂和食堂里演京剧，还有室内舞会、冰上舞会以及篝火晚会……入学第一年的元旦，完成高中生角色蜕变不久的刘兴洲很是兴奋，尽管外面天寒地冻，但是仍然抵挡不住他和同学们内心的热情。他们在各个娱乐点不停地穿梭，零点时分，大家一起喊着倒计时，等待新年钟声的响起。

清华园就像一个小小的社会，承载着同学们几乎全部的生活内容。大家很少出校门，大部分同学只去过附近的圆明园一两次。清华大学二校门外有去城里的校车，3 毛 5 分钱一张车票。这对学生们来说是一笔价格不菲的交通费，因为在城里吃一碗炒面只需要 1 毛钱。为了扩大同学们的活动范围，暑假到来时，学校便给学生们安排了丰富的活动。第一年暑假，刘兴洲和同学们一起徒步到清华大学西北方向 25 千米外的温泉镇露营，自己动手搭帐篷、生火做饭，拥有了很多全新的体验。

大学时代的刘兴洲

清华园学习和生活的点点滴滴，成为刘兴洲非常珍贵的记忆。那是一段充实并且快乐的日子，在很多方面都对他产生了重要影响。

1952年6月至9月，中央人民政府大规模调整全国高等院校的院系设置，把民国时期成立的现代高等院校系统，改造成“苏联模式”的高等教育体系。新中国成立之初，国家需要大量的工科技术人才，教育的重心被放在与经济建设直接相关的高等教育，尤其是工程和科学技术教育上。教育计划与国民经济建设计划紧密相连，直接体现在按产业部门、行业甚至产品来设立院校、系科和专业。

经过全盘调整后，全国许多高等院校被拆分，独立建制的工科院校得以大力发展，相继新设了钢铁、地质、航空、矿业、水利等专门学院和专业。工科、农林、师范、医药院校的数量从此前的108所大幅度增加到149所，而高校数量由211所下降到183所，综合性院校明显减少。更重要的是，1952年以前的那些著名高等院校，几乎都经历了结构大调整，清华大学也由一所综合性大学变为工科大学。

这是一种培养“专家”的教育体制。伴随着政权更迭而进行的这场教育体制改革，涉及全国四分之三的高校，形成了20世纪后半叶中国高等教育系统的基本格局。

教育体制的改革直接关系到其中的每一个人。

在这样的大背景下，刚刚熟悉清华大学学习、生活的刘兴洲，也于 1953 年随院系调整转入北京航空学院，开始了一段全新的经历。

2. 转到北航 德才兼备志报国

北京航空学院的建设计划要追溯到 1951 年。1 月，中国政府代表团赴苏联，在与苏联谈判援助中国建立航空工业时，就把发展中国的航空高等教育作为谈判的一项重要内容。3 月，全国高等院校开始进行大规模调整，对国内大学原有的航空工程系、科做了初步调整：清华大学、北洋大学、西北工学院和厦门大学的航空系，合并成立为清华大学航空工程学院。1952 年 10 月 25 日，在清华大学航空工程学院和四川大学、北京工业学院航空系合并的基础上，成立了新中国第一所航空院校——北京航空学院（简称北航）。

来到北航后，刘兴洲和清华大学的同班同学被分到航空发动机工艺专业。20 世纪 50 年代初，国家对于制造飞机的大方针是仿制而不是设计，因而更加注重培养工艺方面的人才，主要学习车床、铣床等加工制造方面的内容。同班同学对此有些想不通，他们的学科基础很好，不满足于单纯学习工艺知识，还想学习更多的内容。

事实上，那批学生毕业后从事工艺工作的人并不多，大多数转到了发动机设计领域。即便从事了工艺工作，也多集中在计算机辅助设计、数控和机器人等领域，并没有真的去工厂。很多人后来感慨，在北航 3 年，完全可以学习更多更有用的知识。

刘兴洲对这样的安排也不是全无异议，相比其他人挂在口头的抱怨和不满，他选择把这些疑问压在心里，默默地服从了分配，因为他是一名共产党员，后来还担任了班里的党支部书记。大局意识、集体观念和国家利益对他来说，远远高于个人私利。因此，他不仅自己遵守纪律、服从安排，还尽可能地做其他同学的思想工作。

刚到北航时，学校连教学楼还没有盖好，整个学校只有一个食堂和两处临时宿舍楼。同学们只能在施工人员的工棚里上课，桌面上经常留有工人们吃完饭剩下的油渍和汤渍。上课时，外面的工地还在施工，大喇叭里放着京剧。冬天很冷，同学们只能在工棚里生一个大炉子勉强取暖，没有地方吃饭，就在宿舍的走廊里摆张桌子当作饭桌。

不仅如此，学校没有地方可以洗澡，从清华大学转去的同学每次都沿着铁轨走回清华大学去洗澡。体育设施方面，北航也与清华大学相差很多，没有体育器材，刘兴洲的主要锻炼项目便改为跑步，但他从来没有放弃锻炼身体这个好习惯。直到一年以后，学习生活条件才逐渐恢复正常，飞机系的 1 号楼和航空系的 3 号楼也陆续竣工，他们终于可以在像样的教室里上课了。

更让刘兴洲同班同学感到不适应的是新环境里的氛围。北航的管理很严格，与清华大学自由、宽松的氛围大相径庭。他们离开清华大学时，每人都得到了一枚离校纪念章，大家都戴着这枚徽章，非常容易从人群中分辨出来。他们成了自由散漫的典型，每次开会都会被批评纪律不好。在这一群同学当中，刘兴洲是为数不多组织性、纪律性很强的学生之一。

北航提出的口号是“培养德才兼备的航空工程师”。因此，同学们要学的东西很多，要上几十门课，课程压力很大，安排也很紧凑。按照苏联的课程计划，除了要学习发动机原理、航空概论、机床操作、焊接等课程外，还要学习经济管理类课程，并进行车间实践。刚开始所有的课程都集中在上午，连续上 6 节，直到下午两三点才吃午饭，后来大家普遍反映负担过重，学校便把教学模式改成上、下午都上课，再穿插一部分实践活动。北航既有中国老师，也有很多苏联专家。苏联专家更多的是给中国老师讲课，中国老师学会以后再给学生们上课。

为鼓励同学们勤奋学习，建校之初，北航就建立了“优秀生”奖励制度。“优秀生”分甲、乙两种，年终各科考试成绩全优（5 分）者为甲等，各科考试成绩有一门为良（4 分）、其余为优者为乙等。对于获“优秀生”荣誉的学生，学校除了给予一定的物质奖励外，还会在校园内张榜公布，号召全校同学学习。获“优秀生”是一件非常不容易的事，获“甲等优秀生”的人更是凤毛麟角，而刘兴洲常常荣登“甲等优秀生”光荣榜。

大学三年级开始，刘兴洲和同学们被安排去工厂实习。他们要去的基本都是军工厂，保密级别比较高，学校进行了一轮严格的政治审查，家庭背景里有海外关系的，或者不适合从事国防工作的同学，都被安排转到了其他专业或学校。刘兴洲所在的班级就有很多同学转去学习材料、焊接、仪表等专业。就这样，入学时的 4 个班减少到了 2 个班，人数也从 120 多人变成了毕业时的 50 多人。

由于在班里承担许多党团方面的工作，刘兴洲对于要成立什么新的专业、要调走哪些同学等情况，了解得比别人多，但他从不在同学中透露“内幕”消息，连住在一个宿舍的同学都问不出什么“内情”。这一点，也让他赢得了班里很多同学的尊重。

大学期间，刘兴洲有过 3 次去工厂实习的经历。大学三年级和四年级的暑假，他都在哈尔滨飞机制造厂实习，第一年在铸造车间和锻造车间，第二年在机械加工车间。每次的实习时间很长，持续七八个星期。

实习期间的生活非常单调，主要是在车间里给工人师傅当学徒，并在不同的工种之间定期轮换岗位，熟悉并掌握不同的操作技能。虽然机械加工方面的知识相对简单，刘兴洲还是十分珍惜这样的机会，认真学习实践操作，而且非常尊重工人师傅。实习结束后，他主动邀请其他同学，到师傅家里去拜访，向他们道谢及道别。刘兴洲的礼貌、周到与诚恳，给师傅以及同学们留下了非常深刻的印象。

大学五年级做毕业设计之前，还有一次实习。那时实习也分等级，大多数同学仍留在哈尔滨实习。因为成绩优异、政治过硬，刘兴洲被分配到了密级更高的沈阳 410 厂，主要任务是在科室里画航空喷气发动机图纸。

由于品学兼优，毕业之后，刘兴洲被选派到北京俄语学院留苏预备部学习，为去苏联留学作准备。后来由于所学专业不被苏联接纳，1957 年他被分配到了国防部五院冲压发动机研究室工作。作为我国最早从事冲压发动机研究的十几位科技工作者之一，刘兴洲开始了国内尚属空白的冲压发动机的研制。虽然他一直没能实现儿时让飞机飞上天的梦想，但他参与研制的发动机却让多种型号的导弹飞上了蓝天。

3. 留学苏联 五年攻下副博士

20世纪50年代至60年代，面对来自西方国家的封锁，新生的中华人民共和国向苏联、东欧社会主义国家派遣了两万多名留学生，学习先进的管理经验和科学技术。这是一次空前的国家间人员交流活动，目的明确，组织严密，规模巨大。

留苏学子回国后，有的人走上了党和国家的领导岗位，有的人成为一些行业和部门的领导者，有的人成为某一领域的专家和学术带头人……他们为新中国的政治、经济、军事、科学、文化，作出了不可磨灭的贡献。

工作四年之后的1961年，28岁的刘兴洲正赶上这股留学生派遣热潮，被选送到位于莫斯科的苏联茹科夫斯基空军工程学院攻读研究生，在那里度过了五年的学习生活。

苏联茹科夫斯基空军工程学院由俄国著名空气动力学家、航空科学的开创者、苏联航空奠基人尼古拉·叶戈洛维奇·茹科夫斯基创立，是苏联培养空军各类专业工程师的高等军事学校，也是研究航空技术装备及其技术维护与战斗使用问题的科研中心。该学院曾为苏联培养出空军元帅、航天员、飞机设计师、火箭发动机设计师等一大批优秀人才。我国著名的卫星专家孙家栋也曾在那里学习，1958年毕业回国，后来成为我国著名航天技术专家、中国科学院院士、国际宇航科学院院士、国际欧亚科学院院士，中国航天事业开创者之一，以及人造卫星技术和深空探测技术的重要开创者，曾任中国空间技术研究院院长、第七机械工业部总工程师、航天工业部及航空航天工业部副部长等职务，在中国航天发展史上，与中国航天多个“第一”联系在一起。

那时去国外进修基本都是公派，除了高等院校外，一些科研院所也会有这样的机会。由于是国家派出、公费留学，所以选拔条件很高，首先，要通过严格的政治审查，有一种说法叫“够入党条件不一定够留苏条件”，可见选拔之严，不仅要求本人历史清楚、政治上完全可靠、思想进步，而且其家庭成员和主要社会关系也不能有政治问题。其次，除了政治过硬、身体素质好，还必须在大学或工作岗位上表现优秀，是学校里的尖子生或单位里的技术骨干。

1961年，国防部派往苏联留学的有20多人，分布在空军、陆军、海军的工程学院。国防部五院派往茹科夫斯基空军工程学院学习的只有3人，刘兴洲便是其中之一。

确定要去苏联学习后，刘兴洲和其他两位同事进行了两个多月的脱岗学习，集中力量突破俄语语言关。虽然大家在大学里都学过俄语，在学校和工作单位也曾经接触过一些苏联专家，但只身到苏联学习面临的是一个全新的环境，完全不可能有翻译。能学到多少有价值的知识，在很大程度上取决于俄语是否过关。因此，大家复习得格外认真，俄语水平在短期内迅速提高，直至看专业资料不需要翻字典。

出发的日期到了，刘兴洲和两位同事从北京乘坐火车去莫斯科。火车速度很慢，路上用了5天时间。虽然是第一次出国，但他们却没有过多的兴奋，更多的是一种责任感。去苏联以前，刘兴洲已经在冲压发动机分队担任负责人，带着30多人开展研究工作，碰到过许多难题。他想，如果能学到更先进的知识，就有可能解决研究中遇到的问题，回国之后更好地服务于工作，除此之外，没有太多其他想法。

刘兴洲攻读的是副博士学位。苏联的研究学位分为两种，一是博士，二是副博士。前者非常难，毕业后可以直接获得带研究生的资格；后者高于欧美的硕士学位、略低于苏联的博士学位。在苏联，要获得博士学位，只写论文是不够的，还要有发明或创新成果。

副博士课程第一年为专业课，主要以自学方式进行，学校和导师给学生们提供世界各国的专著、资料、文献和杂志，提出学习要求，学期结束时再进行考试。从第二年开始，学生们的主要任务是跟着导师研究课题，结合自己工作领域的前沿和发展方向，选定研究主题，提出创新的想法并完成论文。

刘兴洲的导师是苏联功勋科学家米里古莫夫，导师要求非常严格，每次都要求以试验数据说话。米里古莫夫强调，要练好基本功，搞发动机的人要亲自参加试验，获取第一手资料。发展发动机技术最重要的是建设好试验基地，有什么样的试验基地，就有这么样的发动机。苏联就有专家因为长期守在发动机旁做实验导致耳聋，这听上去有点吓人，但刘兴洲对这样严谨、踏实做学问的态度深感赞同，并终生奋战在科研一线。

中国留学生在苏联茹科夫斯基空军工程学院里的形象很好。上课时，中国学生永远都坐第一排，苏联同学总是主动将第一排的位置留给中国同学，这几乎成了一条不成文的规矩。因为学习成绩拔尖、纪律性好、作风过硬，其他国家的学生对中国学生都很尊重。

中国学生的考试成绩几乎是清一色的五分，因为他们牢记周恩来总理对大家的嘱托："我们应该和苏联最优秀的同学一样考五分。"因为语言的障碍，中国学生的五分更加来之不易：每天学习十二三个小时，下课后留在教室里自习，锁门后回到宿舍接着看书。周末，其他国家的留学生都结伴跳舞、游玩，中国

刘兴洲（前排左二）在苏联留学期间与同学们合影

学生仍在苦读。他们非常珍惜这来之不易的学习机会，希望用学习成果表达对祖国母亲的感恩。

除刚到苏联时学校组织学生参观过一次列宁格勒（现圣彼得堡）大教堂和克里姆林宫，刘兴洲和两位同事基本没去其他地方游玩过，他们把大部分时间都花在了学习上。同去的 3 人专业不同，平时大家很少交流学习情况。他们每天早起学习，晚上很晚才回到宿舍。在这样平淡的生活中，刘兴洲潜心钻研学科知识。

大学读书期间，刘兴洲积累了一定的党团工作经验。在茹科夫斯基空军工程学院的中国留学生有十多人，他们成立了党支部，在异乡过起了组织生活，刘兴洲担任支部委员。

在苏联留学期间的刘兴洲（左二）

留学生们非常关心时局。从1960年开始，中苏两国关系逐渐变得紧张起来。世界上两个最大的共产党执政国反目成仇，互相间“口诛笔伐”，批判的火力越来越猛。

正当中苏“大论战”时，赫鲁晓夫于1964年10月14日下台，这对缓和日益恶化的中苏两国两党关系是一次机会。不过，坊间仍有迹象表明，苏共新领导人很有可能会沿袭赫鲁晓夫对中国的态度和做法。

1964年11月5日，受中共中央委托，周恩来总理率领党政代表团前往苏联访问，同苏共新领导人接触，试探有无改善中苏关系的可能。这是周总理最后一次访问苏联。这一次，刘兴洲和其他在莫斯科的中国留学生一起，受到了周总理的接见。

周恩来在会见留学生时，毫不避讳地讲到近段时间中苏两国间发生的事情，并嘱咐大家要保持和苏联人民的友好关系，但同时警惕苏联政治上的影响。周总理的话深深地印在了刘兴洲的心里。他深刻地认识到，一定要站在民族大义的立场上看待问题。在随后的合影中，刘兴洲站在了周总理的身旁。

中苏两国交恶无疑给刘兴洲的留学前景蒙上了阴影，许多中国留学生因为与校方发生政见冲突而被驱逐出境。在这种复杂的环境下，刘兴洲和同事们在中国驻苏联大使馆的指导下，发挥自身的聪明才智，与密切接触的老师、同学、员工尽量搞好关系，以期有一个良好的学习环境。

刘兴洲在写给大学同学的信中提到，现在搞政治和评论的时间多了，学习的时间少了。中苏之间彼此有戒备，政治第一，技术学习受到了一些影响。尽管如此，刘兴洲还是得到了导师诚恳的指导，在学业上取得了很好的成绩，这点令他非常欣慰。

经过五年的艰苦学习，刘兴洲按教学计划终于顺利完成了学习任务。他撰写的《燃油在超声速射流中喷射、雾化》的毕业论文获答辩委员会全票通过，顺利获得副博士学位。

在苏联学习期间，刘兴洲和同事们每年只能回国一次。他们多选择在学校放暑假的时候回国探亲，每次约 1 个月。寒假只有短短的十几天，他们只能待在苏联，无法和家人团聚。每逢这个时候，中国留学生们就会聚集到中国驻苏联大使馆，准备一些节目和小游戏，吃吃正宗的中国饭菜，聊聊苏联和中国的新闻时事。

国防部派往苏联的学生都归大使馆的武官处管理，因此大使馆更像是留学生们在苏联的一个家。周末，大家都会去那里聚会，看电影。由于保密的要求，刘兴洲他们给家人或朋友写的信必须交到大使馆去，由大使馆的信使带到国内

在苏联留学时的刘兴洲

再分别寄出。国内寄信也是这个流程，邮局会统一把信交给信使带到苏联，再通知留学生们去取。

对于每位被派往苏联留学的学生，中国政府每月会发放 120 多卢布的生活费，相当于苏联普通工人一个月的工资。除去每月生活花费的 50 卢布，剩下来的钱主要被刘兴洲用来买专业书籍。在那里，他还培养出另一个爱好，就是照相和冲洗相片。苏联一台最好的相机只要 90 多卢布，冲洗设备和放大机加起来大约 20 卢布，胶卷和相纸也很便宜。刘兴洲和同事们每人买了一套设备。

刘兴洲在苏联学的专业与冲压发动机有关，但由于保密原因，直到他毕业回国，也没在苏联看到任何一台冲压发动机。离开莫斯科时，他心中产生了一个强烈想法：一定要为祖国造出自己的冲压发动机。

刘兴洲

刘兴洲院士传记

Academician Liu Xingzhou's Biography

第三章

鹰击长空

来到国防部五院，年轻的刘兴洲就被委以冲压发动机的研制任务。结构简单的发动机草图，打开了刘兴洲思维的一扇窗户，开启了我国冲压发动机研制之路。

1. 走进五院 涉足冲压新领域

大学期间，同学们都如饥似渴地汲取知识的营养，刘兴洲也不例外。他不仅专业成绩优异，思想上还积极进步。1953 年 7 月，年仅 20 岁的他就加入了中国共产党，后来还担任了党支部书记。

1956 年年初，党中央发出了“向科学进军”的伟大号召。随后，国务院制定了发展科学技术的《1956-1967 年科学技术发展远景规划纲要》，科技事业进入了一个有计划蓬勃发展的新阶段。规划的实施催生了以“两弹一星”为代表的一大批科技成果，促进了一系列新兴工业部门和产业的诞生，国家实力提升，国人志气大长。

1957 年，在北京航空学院航空发动机工艺专业学习的刘兴洲面临毕业。作为新中国的年轻人，他个人的命运早已和国家的命运紧密地联系在一起。进入大学的时候，他瞄准的是航空领域，因为当时中国的航天事业尚未创建。

离毕业的日子越来越近，自己究竟会被分配到哪里，刘兴洲心中也存着一个未知数。就在这样的期盼与等待中，他等到了分配结果——高度保密的国防部第五研究院。作为我国第一个导弹研究机构，国防部五院不仅孕育了共和国的导弹事业，其机构本身也是一个充满着传奇色彩的地方。

1955 年 10 月，历经曲折和磨难的钱学森回到祖国。1956 年 2 月，在周恩来总理的鼓励下，钱学森向国务院提交了《建立我国国防航空工业意见书》，将我国导弹研制工作提上了议程。当时为了保密，用“国防航空工业”代替“火箭导弹事业”。随后，国务院制定的《1956-1967 年科学技术发展远景规划纲要》明确提出，要在 12 年内使我国喷气技术和火箭技术走上独立发展的道路。

1956 年 3 月 6 日，国防部部长彭德怀在军委扩大会议上作了《关于保卫祖国的战略方针和国防建设问题》的报告，建议在国务院或国防部的直接领导下积极筹建航空和导弹研究机构。这个报告经过中央军委扩大会议讨论通过，得到了党中央和毛泽东主席的批准。3 月 14 日，国务院总理周恩来主持召开中央军委会议，传达了中央关于研制导弹武器的决定，会议决定组建导弹航空科学研究领域方面的领导机构——中华人民共和国航空工业委员会，由聂荣臻副总理任主任。5 月 10 日，聂荣臻向国务院、中央军委提交了《建立我国导弹研究工作的初步意见》，建议在航空工业委员会下设导弹局，建立导弹研究院，以钱学森为院长，尽快开展导弹研制工作。这一意见很快得到了批复。

1956年10月8日，在北京西郊空军466医院食堂，聂荣臻宣布国防部第五研究院作为我国的专业导弹研究机构正式成立，钱学森任院长。我国的导弹研制工作正式开始，这一天也成为我国导弹、航天事业奠基的历史性日子。在五院成立大会之后，聂荣臻提出了“自力更生为主，力争外援和利用资本主义国家已有的科学成果”的建院方针。

此时，放眼世界，经过第二次世界大战期间德国V-2导弹的“科普”，导弹开始褪去它那神秘而又青涩的面纱。导弹的威力得到了世人的认可，各大国纷纷投入巨资进行导弹研发。导弹，也成为美国和苏联两个超级大国互掰手腕的新“工具”。

新成立的国防部五院下设10个研究室：六室（总设计师室），主任为任新民；七室（空气动力研究室），副主任为庄逢甘；八室（结构强度研究室），主任为屠守锷；九室（发动机研究室），主任为梁守槃；十室（推进剂研究室），主任为李乃暨；十一室（控制系统研究室），副主任为梁思礼；十二室（控制元件研究室），副主任为朱敬仁；十三室（无线电研究室），副主任为冯世璋；十四室（计算技术研究室），副主任为朱正；十五室（技术物理研究室），副主任为吴德雨。当时为了保密，一至五是空号。

为了使年轻的中国导弹科技队伍能尽快了解导弹技术知识，1956年10月10日，即国防部五院成立的第三天，导弹技术知识培训班就开课了。钱学森院长带头，先后讲述了《导弹概论》《导弹制导原理》等课程；任新民、梁守槃、庄逢甘、朱正等从哈尔滨军事工程学院调来的教授、副教授们也都披挂上阵，讲授各自擅长的专业技术知识。一时间，五院上下学习氛围浓厚。

这一切，还在校园中的刘兴洲无从知晓。他儿时就有一个为祖国设计制造飞机的梦想，大学学习的又是发动机专业，因此在毕业之际自然而然地希望能兑现诺言，实现为祖国造飞机的梦想。但当得知自己要去造导弹的时候，他感到既荣幸又兴奋。这是一个比飞机还要神秘的东西啊！现在离得如此之近，怎能不让人兴奋呢？

在大学学习过程中，刘兴洲对导弹知识虽然有所涉猎，但还从未想过自己能够为新中国制造导弹。对他而言，作为专业导弹研究机构的国防部五院，只是一个存在于传说中的神秘单位。不过，院长钱学森的名字却如雷贯耳，激发着一批又一批青年学子的报国情怀。十年寒窗，终于迎来了报效祖国的时刻，刘兴洲内心激动难耐。

1957 年夏天，当同学们纷纷背起行囊开始奔向新中国建设的各条战线的时候，刘兴洲却意外地接到了一个通知，先不要去国防部五院报到。这给他带来了极大的困惑。很快，这个疑团被解开了。原来国防部五院通知他先去参加入职培训。短短 3 个月，不仅加深了刘兴洲对国防部五院的认识，也坚定了他为新中国导弹事业作出贡献的决心。

1957 年 10 月，北京秋意渐浓，踌躇满志的刘兴洲来到国防部五院报到，并被分配到第九研究室——发动机研究室，研究室主任正是曾在美国麻省理工学院留学的梁守槃。梁守槃此时已经是国内一位颇有威望的航空专家。

很快，梁守槃就把刘兴洲及和他一起报到的聂启铎找来谈话。在初步了解他们的情况以后，梁守槃暂停了一下，意味深长地看了看这两位年轻人，两位年轻人顿时有些紧张。沉默片刻后的梁守槃突然说，有一项艰巨的任务要交给你们。看着表情有些错愕的年轻人，梁守槃继续说，希望你们发扬敢想敢冲的精神，进行冲压发动机探索。

冲压发动机？这个全新概念让两个年轻人听后更加茫然。梁守槃笑了笑，向他们解释了冲压发动机的基本情况。在津津有味地听了梁守槃的介绍以后，两个年轻人的内心如同点火的冲压发动机，处于快速激荡之中。他们万万没想到，在发动机领域，还有这么一块神秘的土地，而这块土地实在太有诱惑力了。

但是，冲压发动机又是科学领域一道如此高耸的壁垒，能轻易被攻破吗？刘兴洲暗自在心中问。对于一名发动机研制人员而言，能够踏上这片神秘领土，是一辈子事业的荣幸。从外部生存环境恶劣的国家角度看，冲压发动机对于维护国家安全也太重要了。

这时新中国成立才 8 年，国内各项事业百废待兴。一穷二白的新中国刚刚结束在抗美援朝战争中与美帝国主义的较量，虽然志愿军把美军从鸭绿江边赶到了三八线以南，但在朝鲜战场上，新中国与科技实力雄厚的美国在综合实力上的差距也暴露无遗。只争朝夕壮大我国国防实力、提高综合国力，成为当时异常紧迫的任务。

此时的国防部五院，不仅有钱学森等国外学成归来的“大家”，任新民、屠守锷、梁守槃、庄逢甘、李乃暨、梁思礼等技术专家，也有像刘兴洲这样的大学毕业生，还有一些经历了二万五千里长征、国内解放战争、抗美援朝战争的老兵。各类人群的特殊经历，都是刘兴洲等人在政治军事、科学技术方面的“活教材”。

为了让刘兴洲等“新人”尽快了解我国面临的国防形势，国防部五院作战处处长给他们上了难忘的一课。这位经历过国内解放战争与抗美援朝战争的老战士讲道：“抗美援朝的烽火才刚散去，这场战争告诉我们，像我们这样的大国是不能靠别人来保卫的，因为谁也不会把先进的东西给我们。我们必须有自己的强大国防。”这位老战士在“自己的”三个字上停顿了一下。

接着，他打开了地图，指着密密麻麻的防御要地和保卫圈说：“我们的祖国有漫长的海岸线，需要我们去保卫；我们的祖国有辽阔的边疆，需要我们去坚守；我们的祖国有广阔的领空，需要我们去防护。我们一定要迅速改变我国军事装备落后的面貌，实现国防现代化，保卫全中国，而这个使命，就落在你们肩上了。”

此时，坐在台下的刘兴洲热血沸腾，他在笔记本上重重地写下了“自己的”三个字。这三个字，让他明白了肩上的责任与使命，也成了他献身新中国国防现代化事业的不竭动力。

1957年，刘兴洲在国防部五院参军

加入国防部五院，意味着刘兴洲也成为了一名神圣的军人。在授衔大会上，他穿着一身军绿色，静静地坐在会场中，按捺不住心中的激动。这是梦寐以求的一天，整个礼堂都洋溢着热烈的氛围。戴上军衔的时候，刘兴洲的身体微微颤抖了一下。此时，他的脑海里一片空白，一股激流从脚底冲上了脑门，他激动得快要落泪了。

2. 拓荒冲压　年轻人员迎挑战

冲压发动机在技术上并非“新鲜事物”，但梁守槃布置刘兴洲和聂启铎开始进行探索时，冲压发动机的工程应用在国际上才刚起步，而我国对它的认识几乎是一片空白。

1913年，法国工程师雷纳·劳伦提出冲压发动机的概念。作为喷气发动机的一种，冲压发动机的原理是利用高速气流在速度改变下产生的压力改变，达到气流增压的目的。1935年，法国工程师雷内·莱杜克完成了世界上首次冲压发动机地面点火试验，证明了冲压发动机作为推进装置的可行性。自那以后，德国、英国、美国以及苏联等国都积极开展了相关理论和试验研究。

经过不断探索，第二次世界大战以后，冲压发动机开始进入工程应用。美国“波马克-B”地空导弹、“黄铜骑士”舰空导弹、英国“警犬”地空导弹、“海标枪”舰空导弹、苏联“SA-4”地空导弹等型号，都采用了使飞行速度达到 2 ~ 3 马赫的液体冲压发动机作为动力装置。而美国在 20 世纪 60 年代研制成功的采用冲压发动机的“D-21”高空高速无人机，飞行速度达到 3.2 马赫以上，飞行高度达到 24 千米。与此同时，美国开始进行超燃冲压发动机概念方案和部件试验等探索性研究。

就在世界各大国如火如荼地发展冲压发动机的时候，我国一批在国外有着留学经历和教学经验的科学家，也将目光瞄准了这个前沿技术领域。

作为世界知名的空气动力学家，国防部五院院长钱学森深知冲压发动机对未来航天动力技术而言意味着什么。他曾说，冲压发动机是个好发动机，但也是个“复杂的发动机”。为此，他积极支持并呼吁我国开展冲压发动机的研制工作。

但是，在国防部五院创建初期，基本上没有设计制造国防装备的资料。解放战争和抗美援朝战争刚刚结束不久，国内百废待兴、人才匮乏，试验设备更是严重不足。人才方面，只有几十位从大专院校和工业部门抽调来的专家，以及百余名刚毕业分配来的大学生。这些人中，只有钱学森有过在国外从事导弹、火箭设计与试验的工作经历。

要在这种条件下向“高精尖”的冲压发动机领域进军，在很多人看来无异于“痴人说梦”。对当时的航天人来说，真可谓是白手起家。然而，中国航天的创建者们没有气馁和退缩，他们坚信，外国人能干成的事，中国人也能干成。在冲压发动机上，梁守槃挑选了刘兴洲与聂启铎作为开路“先锋”。

此时，我国百废待兴，各条战线都处于如火如荼的建设之中。作为新中国成立后我国自行培养的大学生，科班出身的刘兴洲和聂启铎义不容辞地挑起了探索冲压发动机的重任。

作为我国航空领域的专家，梁守槃 1937 年毕业于清华大学机械系航空组，

1938 年 8 月赴美国麻省理工学院攻读航空工程研究生，用了不到一年的时间获得了硕士学位。1940 年 2 月，他放弃了在美国继续学习和工作的机会，毅然决定返回战火纷飞的祖国。他为我国的航天事业作出了重要贡献，被评为中国科学院院士，曾任中国航天科技集团公司、中国航天科工集团公司高级技术顾问。

在我国导弹事业发展伊始，国防部五院围绕航空与导弹专业基础知识举办了培训班。梁守槃担任培训班班主任，并亲自登台讲授发动机专业的基础知识。这些都对后来的导弹动力推进系统的研制工作起了重要作用。

为了让刘兴洲和聂启铎明白什么是冲压发动机及其对我国国防装备的重要意义，梁守槃用深入浅出的语言，向他们介绍了冲压发动机的概念及其发展现状。他同时勉励两个年轻人，要认真钻研、克服困难，为早日造出中国人的冲压发动机而努力。

梁守槃强调，当前美国等西方国家的冲压发动机发展迅速，并且已经进入到工程应用阶段。和传统发动机比起来，冲压发动机是一个跨时代的产品，一旦被落下，双方将拉开数量级的差距。如果我国在冲压发动机的研制上继续落后于美国等西方国家，将严重威胁新中国的国防安全。因此，搞冲压发动机是国防需要，是“争气”机，要为中国人民争气。

梁守槃的一席话让两位小伙子既感到兴奋，又感到了压力。作为我国冲压发动机领域的“拓荒者”，刘兴洲和聂启铎的创业之路走得异常艰难。

在冲压发动机研制起步阶段，梁守槃布置刘兴洲和聂启铎从试验设备入手开始研究，但是，冲压发动机在国内还是空白，谁也没见过，更没学过。更要命的是，没有任何的资料可供借鉴，刘兴洲和聂启铎只能凭借着对梁守槃讲解的冲压发动机内容的理解，结合大学期间所学知识，努力想象冲压发动机的结构。

正所谓“巧妇难为无米之炊”。对这两位从没见过冲压发动机的年轻人来说，要画出原理图来并不是一件简单的事情。当绘图纸在桌上铺开的时候，刘兴洲和聂启铎手握着画图笔却不知道该如何下手，有时候一站就是好几个小时，仍旧是一笔未落。

异常痛苦地思考了几天以后，刘兴洲和聂启铎带着“作品”去找梁守槃汇报成果。看了他们的“作品”以后，梁守槃笑了笑，然后从自己的抽屉里拿出一张绘图纸摆在桌上，寥寥数笔即在绘图纸上画出了冲压发动机的原理图。

梁守槃绘制的原理图，让两位年轻人恍然大悟，原来冲压发动机是一个结构如此简单的发动机。这张图打开了刘兴洲和聂启铎思维的一扇窗户，开启了我国冲压发动机的研制之路。

看着自己画的冲压发动机草图，再对比梁守槃绘制的冲压发动机原理图，两位年轻人陷入了沉思之中。梁守槃笑了笑说：“一开始没告诉你们，就是不想禁锢你们的思想，就想看看你们理解的冲压发动机是什么样的。你们不要看冲压发动机结构简单，它身上可是潜藏着巨大的能量。而且，往往最简单的发动机反而是最难设计的。”

就在刘兴洲和聂启铎为我国冲压发动机的发展埋头探索的时候，国家层面的技术合作也正在开展之中。

1957 年 10 月 15 日，以聂荣臻副总理为团长的中国政府代表团和以别尔乌辛为团长的苏联代表团在莫斯科签订了苏联在国防新技术方面援助中国的协定，简称中苏《国防新技术协定》。根据协定，苏联将援助我国建设火箭研究院和帮助仿制几种导弹，其中就包括作为导弹动力装置的冲压发动机。

《国防新技术协定》的签订，使我国导弹事业的发展获得了新的契机。11 月 21 日，经聂荣臻元帅批准，国防部五院成立了一分院和二分院。以国防部五院十个研究室中的六、七、八、九、十研究室为基础，组成一分院，负责各类导弹总体设计和弹体、发动机的研制；以十一、十二、十三、十四、十五研究室和通信兵部军事电子科学研究院为基础，组成二分院，负责各类导弹控制系统的研制；以国防部五院机关为基础组成总院。

12 月 3 日，在钱学森的倡导下，国防部五院组建了冲压发动机研究室——一分院五室，启动了我国冲压发动机的研制工作。五室由张世英任副主任、胡春雨任副政委，承担着对冲压发动机进行初步探索的任务，并着手进行试验设备的筹建准备工作。冲压发动机研究室下设性能组 2 人、燃烧组 3 人、扩压器组 3 人、气源组 3 人。

1957 年冬，五院决定，将一分院三室（空气动力研究室）和一分院五室（冲压发动机研究室）合并为直属一分院的第三研究室，冲压发动机研究室的办公地点由云岗马列学院二分院迁至空军医院，下辖冲压发动机分队和空气动力分队。冲压发动机分队由沈世绵任队长，刘兴洲任副队长。

为落实中苏《国防新技术协定》，1958 年 1 月 18 日，我国派出以钱学森为首的中方代表团出访苏联。在双方形成的“关于建立火箭研究院意见”中，明确了在科学研究基地设置冲压发动机研究室，负责冲压发动机的设计及发动机燃料供给和控制系统设计。

不久，直属三室由空军医院迁至北京航空学院。在那里，一群年轻的冲压发动机研制者将迎来新的挑战。

3. “北航四号” 拟为型号搞配套

1958 年，刘兴洲跟随着直属三室又搬回了北京航空学院，继续着冲压发动机的研制。

当年阴差阳错地来到北京航空学院求学，从对这所学校一无所知到被其浓厚的学术氛围和强烈的报国情怀所折服，在北京航空学院的 4 年时光里，刘兴洲刻苦求学，奠定了良好的基础。毕业后经过一段时间的工作历练，当年那个略带青涩的小伙子已经成为一名冲压发动机研制者。

刘兴洲被安排住进了北京航空学院的一个套间，它位于一栋普通的 4 层住宅楼里，和他同住的还有张学仁、强十思、刘亨伦等人。

三室的冲压发动机研制队伍也不断得到了加强，张天禄、鲍克明等陆续从苏联回国，他们日后都在我国的冲压发动机研制工作中发挥了重要作用。其中，于 1953 年被选派到莫斯科航空学院发动机系学习的鲍克明，担任过冲压发动机研究室主任、主任设计师，成为刘兴洲冲压发动机事业生涯中极为重要的伙伴。

1958年年初，北京航空学院上马北航四号超声速靶机的研制。该靶机是一型无人驾驶的高空高速靶机，主要用于地空导弹或空空导弹的打靶训练。基本设想是：靶机由母机运载到空中投放高度（10～11千米），投放后由固体火箭助推加速到2马赫，接着冲压发动机点火把靶机推进到工作高度和速度，完成任务后用降落伞回收。靶机的工作高度可达20千米，飞行速度2～2.5马赫，续航时间3～5分钟，要求模拟美国的F-104、B-58等机种，能做左转、右转、上升、俯冲等动作，以供战斗机及导弹部队打靶使用。

为此，北航四号靶机负责人找到直属三室，提出由三室为“北航四号”研制动力装置。对于直属三室而言，他们刚刚迈入冲压发动机研制的大门，马上就要为型号研制配套产品，其难度可想而知，但另一方面，这也是一次难得的实践机会。于是，直属三室毫不犹豫地答应了北京航空学院的要求，开始进行发动机的设计。

但当直属三室将设计图纸交给北京航空学院的时候，有人开玩笑地说，那张图纸真是让人笑掉大牙。平心而论，那张设计图纸充满了漏洞与破绽，绝对不是一张完美的冲压发动机的设计图纸，但正如刘兴洲他们自勉时所说的那样，“笑掉大牙”也是开路先锋。

当时，北京航空学院发动机系已经有一批教师开始进行冲压发动机的研制，宁榥教授等人正在研制一种直径为300毫米、马赫数为2的超声速冲压发动机。

为了加快培养冲压发动机的研制队伍，1958年7月14日，直属三室冲压发动机分队与北京航空学院304教研室合作，开展“北航四号”冲压发动机的设计工作。刘兴洲担任性能组组长，负责发动机性能计算和发动机总图设计。

在合作的过程中，刘兴洲发现，尽管北京航空学院的冲压发动机研制起步要晚于直属三室，但是这里聚集了一批有着深厚理论功底的老师。作为一名从北京航空学院毕业的学生，刘兴洲又重新做回了学生，在积极配合做好本职工作的同时，虚心向北京航空学院的老师们请教。

后来，这项工作由于冲压发动机分队迁回云岗而告一段落。同时，冲压发动机分队也改为空气动力研究所的冲压发动机试验研究室（三室）和冲压发动机研究室（四室）。三室开始为红旗一号地空导弹使用的冲压发动机进行各种方案的分析、设计和比较工作。

红旗一号导弹是我国根据苏联C-75型地空导弹武器系统仿制的半固定式中高空、中近程地空导弹。导弹动力装置由固体火箭发动机和液体火箭发动机两级组成，拦截目标高度为3～22千米，斜距是12～29千米，是20世纪50年代中期世界上较先进的防空导弹武器系统，主要用于攻击高空、高速飞机和飞航导弹。

仿制工作于1958年6月开始启动。为了配合这项工作，1959年年初，三室冲压发动机分队分为设计大组和试验大组开展工作，分别由沈世绵和刘兴洲负责，两个组均为32人。

尽管冲压发动机的研制队伍在不断加强，但是这些新加入的大学毕业生鲜有冲压发动机专业出身的。对几乎所有人来说，他们都在探索一个全新的领域，对发动机规律的认识也远远不够。

在工作过程中，科研人员辗转得到了一本俄文版的《冲压发动机原理》。因为有一定的俄文基础，刘兴洲马上如饥似渴地开始学习。作为试验大组组长，他在学习消化《冲压发动机原理》内容的基础上，开始向同事们讲解冲压发动机，并将书本中的原理付诸实践。通过这件事情，刘兴洲对冲压发动机有了更加全面的认识，对自己的工作也有了更加深刻的认识：真正的专业是在工作中形成的，不是学什么干什么，而是干什么学什么。

1958年至1960年，受“左”的思想影响，我国进入了“大跃进”时期，这种思想也影响到了刚刚起步的国防科学技术领域。受“超英赶美”思想的影响，有关方面对我国冲压发动机研制工作提出了直径400毫米、飞行高度6千米以及飞行速度3马赫的指标。这些指标远超英美同类产品的水平，对于我国刚刚起步的冲压发动机研制工作而言，无疑是不切实际的。

1959年2月17日，国防部聘请的苏联冲压发动机专家科索夫来到我国，对“红旗一号”冲压发动机设计指标进行了一系列的修改，比如将飞行高度由6千米改为2千米，飞行速度由3马赫降为2马赫，将高能燃料改为T-1煤油。

自此，我国开始进行直径为400毫米的地面试验件的设计。在科索夫的指导下，我国科研人员设计了第一个冲压发动机试验件，这就是后来被称为“341”的 CF-01 冲压发动机，同时，开展了进气道、供油调节系统和点火器的预研。

4. 试件点火 发愤图强谱新篇

在“341”试验件的研制过程中，我国科研人员敏锐地觉察到，如果没有冲压发动机试车台，根本没办法检验设计出来的发动机是否科学合理。所谓发动机试车台，就是发动机在地面可控环境下点火测试的地方。

严文祥老政委有一次问他们：“现在还没有试车台，能不能把冲压发动机送上天，到天上去试呢？”虽然老政委强烈的事业心具有很强的感染力，但按照科学规律，发动机用于实际飞行前必须经过试车。所以，抓紧建设自己的试车台，始终是冲压发动机研制过程中的重要着眼点。

按照我国和苏联的协定，苏联将援助我国建设冲压发动机试车台。由于苏联专家和图纸延期来华，科索夫建议我国自行设计一个简易试车台。经过研究讨论，中方采纳了科索夫提出的建议。刘兴洲负责的冲压发动机分队试验大组参加试车台建设，专门抽出 29 人从事冲压发动机试验设备的设计工作。

对于我国的科研人员来说，冲压发动机还是一个新鲜事物，更别说冲压发动机试车台了。刘兴洲作为试验大组的负责人，和他的队友们一起，承担了建设冲压发动机试车台的重任。为了设计试车台，刘兴洲他们几乎查阅了当时能够找到的所有资料，不分白天黑夜地讨论。经过 2 个多月的紧张工作，我国首个冲压发动机试车台 CS-04 首次发布施工图。

受制于国内资料的缺乏与工程应用经验的不足，我国科研人员设计的这份冲压发动机试车台图纸还存在着很多问题。很快，苏联试验设备专家巴兰诺夫、斯潘诺夫、费利波夫等来华，指导我国风洞和冲压发动机试验设备的设计。斯潘诺夫等专家审阅以后，对试车台图纸提出了部分修改意见。经过 5 个多月的设计修改，我国首个冲压发动机试车台图纸进行设计验收，设计工作暂告一段落。

苏联专家的到来，为我国带来了冲压发动机研制、试验的系统理论，让正处于“摸着石头过河”的我国冲压发动机研制工作少走了不少弯路。在这段时间里，我国的冲压发动机研制工作取得了长足进步。

刚结束 CS-04 试车台的设计，我国又根据工程需要，马不停蹄地开始 CS-02 中型高空试车台的设计工作，该试车台将用于飞行速度为 3 ~ 4 马赫的冲压发动机的地面联管试验。不久后，我国又开始对 CS-03 试车台原设计图纸进行修改设计和图纸复制工作，该试车台拟用于飞行速度约 4 马赫的冲压发动机自由射流试验。1960 年 3 月，我国又完成了 CS-04A 简易试车台的设计。大量试车台的图纸设计工作，对冲压发动机的研制工作产生了积极的推动作用。

在苏联来华专家中，科索夫是一位和蔼而又严谨的冲压发动机专家。他来到中国以后，了解了我国冲压发动机研制进展情况，迅速指出了我国冲压发动机研制存在的误区，并为后续的研制工作提出了不少建议。

科索夫每天一大早来到办公室，了解大家的研制进展，布置当天的研制任务。他随身揣着一个“神秘”的小笔记本，上面记着冲压发动机的各种技术细节，我国的科研人员一直都没有机会翻看科索夫的小本。科索夫有时候碰上不确定的问题或被问住时，他会说，“你稍等一下”，然后掏出那个已经磨破的小笔记本进行查找。

有人将苏联专家的作用概括为“点头和摇头”。当刘兴洲他们将设计图纸拿给苏联专家看的时候，如果苏联专家连声称赞并不住地点头，就说明图纸设计得好；如果专家不住地摇头，就意味着图纸设计得不好。苏联专家是领域内的权威，一旦得到他们的否定，会深深地刺激我国研制人员的神经。大家在私底下总是互相鼓劲，暗自下决心一定不能让苏联专家轻视自己。

就在我国冲压发动机研制人员在发动机和试车台两条线上齐头并进的时候，1960 年，由于中苏两国关系交恶，苏联陆续撤走在华的全部技术专家，在五院工作的苏联专家于 8 月 12 日全部撤走。根据《国防新技术协定》应该由苏联提供的试验设备、专用设备、导弹样品及技术资料，除已运到的部分外，尚未到的（特别是关键的东西）再给的可能性不大了，这给我国正处于探索阶段的冲压发动机和试车台的研制工作造成了极大的影响。

从国内环境看，“大跃进”以来，国内科研单位存在不同程度的浮夸风和指挥风，科研工作的客观规律得不到尊重，刘兴洲他们白天搞运动，写决心书、大炼钢铁、比赛诗歌，设计工作只能留到晚上进行。加之在反右派、反右倾运动中，有些科技人员被批判为“白专”，受到了冲击，严重挫伤了知识分子的积极性。

从 1960 年冬天起，国家开始调查相关情况，首个摸底单位便是国防部五院。调查发现，科学工作者每周六个工作日中用于科学研究的时间不足一半，大量的时间都被用来搞政治学习或从事与科研无关的各种体力劳动。发现这个问题后，国务院下发通知，规定科研人员一定要保证六分之五的时间用于科研工作。

于是，在云岗西工字楼，每天晚上总是灯火通明，灯光下，穿着军装的年轻人不分昼夜地伏案绘制着图纸和讨论着问题。这些冲压发动机研制者们希望用自己的智慧，向更严峻的考验发起挑战。苏联专家的撤走，让这群年轻的冲压发动机研制者心中都憋了一股劲。他们纷纷表示，一定要发愤图强，将苏联专家留下的“烂尾工程”完成好，研制出属于中国人自己的冲压发动机和试车台。

刘兴洲对大家说:“发愤图强，就是发‘愤’才能图强。”正是在这样的愤慨心情驱使下，这群人产生了巨大的动力。为了能够尽快研制出我国的冲压发动机与试车台，这群年轻人废寝忘食地工作，经常是领导都看不下去了，催促他们回去休息，但是谁也不肯回去。有一次，刘兴洲拉着计算尺竟毫无知觉地倒在地上睡着了。

正是靠着这股只争朝夕的强大精神支持，刘兴洲他们白天晚上连轴转，通宵达旦研究问题，硬是完成了苏联专家遗留下来的冲压发动机设计工作，自行设计并在十分简陋的条件下建成了冲压发动机试车台。同时，我国首个冲压发动机试验件“341”也生产出来了，而这距离中国人 1957 年进军冲压发动机研制领域才 3 年的时间。

俗话说，是骡子是马，拉出来遛遛。试车台与试验件都研制成功了，也是对他们的成果进行检验的时候了。

1960 年 11 月 23 日，这注定是一个载入中国冲压发动机研制历史的日子，我国首个冲压发动机试验件“341”进行了点火试验，掀开了中国冲压发动机研制的新篇章。

清晨，冬季的北京已经充满寒意，“341”已经被装上了 CS-04 试车台，地面人员正忙着安装仪器设备，进行着紧张的最后调试。在试车台下，一字排开的办公桌上摆放着尺子、笔、图纸等计算用品，鲍克明、沈世绵等冲压发动机研制人员都在岗位上紧张地工作着。

“准备就绪。”岗位人员大声喊道。

“点火。”现场指挥下达命令。

此时，所有人都不由自主地把目光投向了试车台。只听得一声巨大的轰鸣声瞬间在空中响起，站着的人开始感觉到地面传来的颤抖，摆在桌上的计算工具也跟随着桌子抖动，现场人员下意识地用手捂住了耳朵。

一股火焰从“341”尾部喷射出来，长长的火舌带着“嗞嗞”的声音在空中熊熊燃烧着，突然间如同变戏法一般，被收进了冲压发动机里，火焰瞬间消失，巨大的轰鸣声也戛然而止。

此时，地面的研制人员马上从紧张、激动的情绪中调整过来，带着试验成功后的巨大喜悦，迅速奔向设备仪器，收集、计算、分析数据……

从 1957 年刘兴洲和聂启铎奉命开始进行冲压发动机研制以来，在短短的 3 年时间里，中国人研制成功了首个冲压发动机试验件，也建成了冲压发动机试车台。这一路走来，有黑暗中探索的“四顾心茫然”，有苏联突然撤走专家的“发愤图强”，也有刻苦钻研的“不舍昼夜”……最后，年轻的冲压发动机研制者们凭借着自己的聪明才智和艰苦付出，愣是掀开了中国冲压发动机研制的新篇章。

5. “海鹰三号” 低空超声克难关

正当刘兴洲和同事们为冲压发动机夜以继日的时候，他又接到了新的任务。1961 年至 1965 年，作为技术骨干和重点培养对象，他被遣派到苏联茹科夫斯基空军工程学院攻读研究生，进行冲压发动机的专题研究。

这段时间，中国航天在机构上有新的调整动作。在相继组建了一、二分院之后，1961 年 9 月 1 日，国防部五院正式组建了三分院，任务是：承担空气动力研究与试验、液体与冲压发动机的研制与试验、发动机及全弹试验。跟着机构调整，刘兴洲成为了一名三分院职工。1964 年年底，随着七机部的成立，三分院改为七机部三院，调整改建成海防导弹研究、设计、试制、生产的型号院。

曾经，包括地地导弹、地空导弹、飞航导弹的火箭总体设计都在一分院。1962 年，经过调整，地地导弹型号归一分院，地空导弹型号归二分院，海防方面的飞航导弹型号归三分院。但是，不管机构怎么调整，刘兴洲等人所从事的冲压发动机事业一直绵延。就在刘兴洲出国深造的时候，冲压发动机的价值也愈发得到我国科学家以及决策层的重视。

我国科研人员在仿制苏联 P-15 亚声速反舰导

弹时发现，这种导弹的飞行速度和二战后第一代喷气式飞机相当，并且其飞行高度仍然偏高，远远不能满足我国当时的国防安全需要。随着导弹防御技术的发展，手段日益先进的低空超声速飞行成为提高飞航导弹突防能力的有效措施之一。

1962 年 6 月 14 日，五院科学技术委员会冲压发动机分组召开首次会议，讨论冲压发动机技术途径，鲍克明介绍了发展趋势。钱学森指出，首先决定用什么燃料，再研究扩压、燃烧，这条路走得通。

1963 年 4 月 2 日至 5 月 10 日，五院科学技术委员会年会讨论了地地、地空和海防导弹技术途径和发展步骤，提出海防导弹要研制低空超声速导弹，提高突防能力，对付从海上来的侵略者。低空超声速飞行有着复杂的技术问题，气动阻力增加，耗费能量，气动加热严重，要求材料耐高温，这给导弹外形设计、控制、振动等都带来一些问题。最为关键的是，要有工作可靠、效率高的新型发动机。

在这次年会上，钱学森和梁守槃两位导弹大师首次提出发展装备冲压发动机的反舰导弹。放眼世界，这一想法在当时极具前瞻性。事实上，欧美国家到了 20 世纪 80 年代，才提出利用冲压发动机装备低空超声速导弹的设想。

与此同时，导弹还有一个发展趋势，就是射程不断增大。我国岸舰导弹从“海鹰一号”的 70 公里射程到“海鹰二号”的 95 公里射程，从双向交叉到单向封锁渤海湾和黄海的战备需求，180 公里射程的岸舰导弹呼之欲出。按照钱学森的设想，从抗击航母的角度出发，还需研制 500 公里射程的岸舰导弹。

如此，新型反舰导弹必须在飞行速度以及掠海飞行能力上有很大提高，同时还要求具备 100 公里以上的射程，如此方能在战时依靠渤海湾两侧的发射阵地实现对渤海海域的覆盖。

既要实现低空超声速飞行，又要实现远射程，以我国当时的技术而言，只有使用涡轮喷气发动机或冲压发动机两种技术方案。涡喷发动机相对比冲值较高，但是发动机重量大，加速缓慢，难以用在超声速导弹上。最后，这一重任落到了冲压发动机的“肩”上。

动力技术研究所是国内唯一的冲压发动机研制单位。起步早、队伍整齐，既注重从专业发展上推动发动机的研制，又积极按照型号需要发展冲压发动机系列，先后成为地空导弹、反舰导弹发动机的选择对象。

钱学森和梁守槃所提出的使用冲压发动机的新型反舰导弹，代号为三号弹，就是后来被称为海鹰三号导弹的岸舰导弹。按照设计，海鹰三号导弹全长 9.85 米，直径 760 毫米，全重达 3400 千克，在弹体两侧水平捆绑 2 台冲压喷气发动机用于巡航时超声速飞行，弹体尾部上下各捆绑 2 台固体火箭助推器，该导弹的射程达 130 公里。

经过反复论证与协商，1964 年 9 月，国防部五院召开了海鹰三号导弹动力装置指标讨论会。钱学森在总结中肯定了海鹰三号导弹采用冲压发动机的总体设计思路，指出它是符合我国冲压发动机研制实际状况的。从此，冲压发动机用于导弹型号的研制工作正式开始了。

这型为海鹰三号导弹研制的冲压发动机被命名为 CF-06 冲压发动机，直径为 440 毫米，接力马赫数为 1.5 ~ 2。海鹰三号导弹由两台冲压发动机组成主飞行器动力装置，总体方案经过较长时间的预先研究，1965 年 1 月，该型发动机开始研制，7 月进入试验阶段。

也是在这一年，结束苏联留学生涯的刘兴洲，带着茹科夫斯基空军工程学院授予的副博士学位回到动力技术研究所工作。一回到国内，他就立刻投入到 CF-06 冲压发动机的研制当中。1966 年 12 月，刘兴洲被任命为冲压发动机总体研究室主任，为海鹰三号导弹提供“心脏”的任务就落到了他和同事们的肩上。在海鹰三号导弹团队中，他还担任着副总设计师一职。

刚从苏联归来不久，刘兴洲就挑起了海鹰三号导弹动力系统研制的大梁，这表明了组织和领导对他的信任。去苏联留学，不仅是学习机会，更是政治荣誉。当时国外政治局势复杂，新中国急需“利剑”来守卫国家的安全。因此，海鹰三号导弹被赋予了极其重要的使命，对于刘兴洲而言，这既是一种荣幸，也是一种挑战。他总是积极和同事们分享在苏联留学的学习成果，同事们碰上不明白的问题，也都愿意找他请教。

冲压发动机通常由进气道、燃烧室和尾喷管三部分组成，主要利用高速迎面气流进入发动机后减速使空气增压而产生动力，最大的特点是燃油在高速气流中燃烧。有人形容，点燃冲压发动机就如同“在龙卷风中点燃一根火柴”。在 CF-06 冲压发动机研制过程中，不仅有来自学术界的质疑声，也受到了国内政治环境的影响，同时还存在一些难以攻克的技术难关。

1963 年，当我国提出采用冲压发动机作为导弹动力系统的时候，西方发达国家已经出现了停止冲压发动机研制的声音。这种观点也影响到了国内的学术界。对于刚起步的中国导弹事业而言，跨越式地采用冲压发动机作为动力系统，不得不说是一个“险招”。但如果成功，我国将发挥后发优势反超西方发达国家。

梁守槃分析了发动机技术发展的趋势，认定冲压发动机对导弹与航天事业发展大有益处。针对那些认为“连技术先进的美国都在收缩下马的项目，我们中国就更不具备条件”的观点，梁守槃幽默地反击道：“穆罕默德并没有说过要造汽车，而伊斯兰教的教徒不是照样造汽车、坐汽车吗？”

正是我国冲压发动机研制者的据理力争，CF-06冲压发动机的研制被保留了下来，并列为海鹰三号导弹的动力装置。但是，和之前研制的“341”冲压发动机试验件不同，CF-06冲压发动机主要应用于低空型号中。因此，尽管有了先期的一些积累，CF-06的研制过程还是遇到了不少问题，探索之路异常坎坷。

冲压发动机的特点是燃油在高速气流中燃烧，驯服它并不容易。CF-06冲压发动机进入试验阶段后，就曾发生过火焰摆动、富油振荡燃烧、低温起动困难等问题。

正当大家紧张工作时，“文化大革命”开始了，党组织陷于瘫痪，指挥系统也濒于瓦解，冲压发动机工作面临空前浩劫。尽管如此，在那无政府主义泛滥的混乱日子里，相当一部分科研人员和工人仍然想方设法地坚守岗位，仅1966年到1969年间，就进行了一百多次试验，有些重大技术关键问题就是在这一阶段解决的。

通过这一百多次试验，刘兴洲等人解决了发动机低温起动、预燃室与燃烧室匹配、振荡燃烧等一系列技术问题，使得CF-06冲压发动机1970年已能在空中试验，但由于种种原因，直到1979年7月，“海鹰三号”飞行试验才获得圆满成功。此时，发现导弹存在推力与阻力不平衡的情况，导弹飞行后出现减速飞行。于是，刘兴洲等人决定加大冲压发动机直径，提高推力，改用CF-03D冲压发动机替代CF-06冲压发动机。

CF-03D冲压发动机是三院最早研制的CF-03的发展型号，经过108次点火试验，以改变预燃室结构形式和燃油流量，改变燃烧室掺混段的特征尺寸，调整冷却流量等手段，使技术性能达到了设计要求。

按照当时缩短国防工业战线的政策，国家决定重点发展同期立项的鹰击一号导弹，海鹰三号导弹转入预研。1984年9月，鹰击一号导弹全程动力飞行试验成功后，海鹰三号导弹恢复上马，1986年7月，全弹首次自主动力飞行试验成功。

6.“鹰击一号” 创出世界高水平

1969年8月，中央军委决定研制与水轰五号飞机配套的低空超声速空舰导弹“鹰击一号”。根据当时“两个大搞（大搞直升机、运输机）”的指示精神，海军装备水上轰炸机研制也被列进“两个大搞”之中，因此为水轰五号配套的鹰击一号导弹被列入了国家计划。

鹰击一号导弹动力装置采用冲压发动机，该发动机被命名为CF-07。为此专门成立了CF-07突击队，用一台模型发动机改装，在1969年11月开始试验。

1970年4月18日，由国防科委、国防工办主持召开“7031”会议，安排落实鹰击一号导弹和海鹰三号导弹协作定点、技术协调问题。此次会议以请柬形式邀请了主要机关领导、主要负责人。最终，有63个单位190余人出席会议，这在动乱时期对保证任务落实起到了很好的促进作用。

海鹰三号导弹和鹰击一号导弹，是我国自行研制的低空超声速飞航导弹，担负着保卫祖国万里海疆的光荣使命。能否加速搞出 CF-06 及 CF-07 发动机，对上述两个型号的研制意义重大。因此，包括刘兴洲在内的动力技术研究所科研人员压力很大，身处特殊历史情境，他们都想为飞航导弹多做些实事。

在三院军管会提出要使海鹰三号导弹和鹰击一号导弹“比翼双飞”、向国庆献礼的口号后，科研人员以极大的政治热情投身于研制工作，呈现出一片热火朝天的景象。在鹰击一号导弹方案设计中，吸收了海鹰三号导弹“双发动机水平对称布局”的设计经验，只用四个月就完成了总体设计方案，并确定了冲压发动机等分系统性能指标。

1969 年年末，刘兴洲等人开始为鹰击一号导弹研制 CF-07 冲压发动机。他们在 CF-05 基础上，因陋就简地改装生产了 CF-07 冲压发动机地面试验件。11 月 24 日进行了首次地面试车后，又经过 600 余次各类地面试验，克服了三大难关，即低温点火起动、火焰筒及火焰稳定器的烧蚀和发动机振动问题。一年左右，研制工作完成。

遗憾的是，局部的工作进展，难以改变全局上战线太宽带来的困难。超声速飞行的飞航导弹，研制难度大，技术关键多，未经过充分的预先研究，跨越了较大的步伐，加上“文化大革命”的干扰，鹰击一号导弹研制工作刚起步不久就进入停顿状态。直到1976年以后，研制工作才回到了正轨。

1979年10月至11月的飞行试验表明，导弹顺利进入等高平飞状态，向低空超声速平飞迈了一大步。但是，在飞行试验中，刘兴洲等人发现导弹做减速飞行，阻力大于推力。于是，三院在1980年6月决定研制直径为400毫米的CF-08冲压发动机。

CF-08发动机的研制，论证了三个月，确定了设计指标、研制进度和技术途径。设计思想贯彻了“指标切实可行，可靠性高，工艺性好，飞行中对攻角变化不敏感，对阻力和比冲不过高要求”的求实思想，共提出了三个方案，综合后制定了基本方案。从1980年8月至1981年4月，试制了五台地面用发动机。到1981年年底，经过120次试验，发动机达到设计指标。1982年9月，完成了飞行试验用发动机设计，投产8台。

1983年，CF-08发动机在鹰击一号导弹上首次进行飞行试验，取得了良好结果。1984年9月，鹰击一号导弹飞行试验又获得新的突破。助推器分离后，CF-08发动机以余气系数1.4工作，经过7 ~ 10秒，达到两倍声速。其中，有一发弹保持了两倍声速平飞，直至燃油耗尽。CF-08发动机吸取了同类发动机的研制经验，使细长比、推重比、高温热负荷下结构强度的可靠性都比较先进，研制周期也最短。

至此，可以说我国已掌握了这种加速－巡航式超声速冲压发动机技术，这是我国跻身于世界先进行列的鲜明标志。

在三院院史中，记载了鹰击一号导弹团队的研制体会：首先，曾经被认为“低空超声速飞行难以实现”的看法不够正确，不能因为“国外没搞”而丧失信心，鹰击一号导弹创出了世界先进水平，为超声速导弹奠定了良好的基础，开拓了飞航导弹的新领域；其次，鹰击一号导弹在研制工作中，更换发动机、总体方案变化都曾使研制工作面临严峻的抉择，正是靠坚定的信念、扎实的技术工作才扭转了局面；最后，飞行试验是导弹研制工作的重要环节，充分做好地面试验，是搞好飞行试验的基础，鹰击一号导弹经过了地面的多项充分试验，暴露出了未曾认识的技术问题。

在科研上遇到技术难题的时候，研制人员一方面发扬吃苦耐劳的精神，通过试验验证摸索，另一方面也积极向老一辈科学家请教。1968 年 4 月，刘兴洲和王汝元写信给钱学森，请教固体预燃室与冲压发动机相结合的方案是否可行。很快，他们收到了回信。信中，钱学森用钢笔工工整整地书写，对他们的建议表示赞同和支持，并鼓励多做试验。

刘兴洲写给钱学森的书信及回信手迹

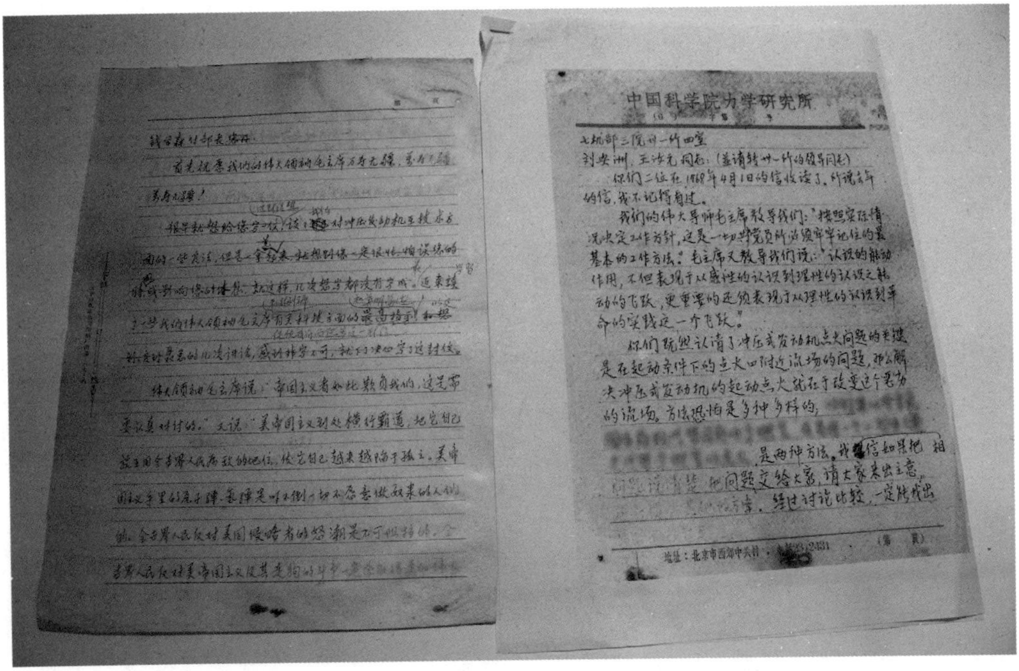
中国科学院力学研究所

七机部三院卅一所四室
刘兴洲、王汝元同志：（并请转卅一所的领导同志）
你们二位在1968年4月1日的信收读了。所说去年的信，我不记得看过。
我们的伟大导师毛主席教导我们："按照实际情况决定工作方针，这是一切共产党员所必须牢牢记住的最基本的工作方法。"毛主席又教导我们说："认识的能动作用，不但表现于从感性的认识到理性的认识之能动的飞跃，更重要的还须表现于从理性的认识到革命的实践这一个飞跃。"
你们既然认清了冲压式发动机点火问题的关键是在起动条件下的点火口附近流场的问题，那么解决冲压式发动机的起动点火就在于改变这个区域的流场。方法恐怕是多种多样的，

是两种方法。我相信如果把问题交给大家，请大家来出主意，经过讨论比较，一定能找出

7. 海量试验　攻克技术拦路虎

在 CF-06 冲压发动机的研制过程中，我国的冲压发动机研制人员攻下了一个个技术难题。

冲压发动机是一个“娇气”的发动机。稍微改变一个技术指标，发动机要么是烧坏，要么是点不着火，抑或是燃烧效率特别低。每改进一点都要经过一次试验，整套产品研制成功，要经过一系列的试验。

在反复的试验中，研制人员也时常感到泄气，原本以为无懈可击的设计方案，在试车的时候，总是暴露出各种各样的问题，有些问题还长时间无法解决。作为负责人，刘兴洲将这种情绪一直埋藏在心中。不仅如此，他还积极鼓励身边的同事，带领大家总结经验，吸取教训，信心满怀地开始新的试验。

CF-06 冲压发动机在研制过程中遇到了不少技术难题，科研人员在 1965 年至 1969 年间就进行了几百次试验，攻克了火焰摆动、低温起动、燃烧提效、震荡燃烧、挂火等大量关键技术难题。这些成功都是冲压发动机研制人员通过大量计算、反复试验、克服重重困难后取得的。

冲压发动机燃烧室点火过程是先点预燃室，通过预燃室点主燃室，依靠 V 形槽式火焰稳定器稳定火焰。在火焰稳定器上游有喷嘴环、支撑件等部件。

喷嘴环上装有逆气流方向喷射燃油的喷嘴。在试验中，刘兴洲他们发现出现火焰前传时，喷嘴环环体就会成为一个新的火焰稳定器，在瞬间或数秒内使后方火焰稳定器变形、烧蚀，严重时，火焰筒和发动机壳体还会被烧穿。这就是所谓的喷嘴环“挂火”。

为了解决这个问题，刘兴洲他们做了大量的试验，最后终于找到了喷嘴环“挂火”的原因。又经过反复的设计与验证，他们将喷嘴环上的逆喷喷嘴全部改为顺喷喷嘴，使得燃油在环体后方还来不及蒸发，而环体后方失去了足够的气态燃油浓度，也就失去了产生“挂火”的条件。

冲压发动机点火并使火焰稳定燃烧，也是研制过程中的一个重大技术难题。

冲压发动机的动力来自于对空气的压缩，当冲压发动机快速飞行时，空气从进气口进来后被迅速压缩，并将速度降低到亚声速，在进气道内再经过截止冲波进入到燃烧室。此时，空气的速度已经降到了 0.2 马赫左右。在燃烧室内，发动机需要迅速点火工作。在这么快速度的“风”中让发动机点火，要么就是速度太快点不着火，“风”一吹火就灭了，要么就是火点着了，但是燃烧并不稳定，“风”一吹就四处飘散，将整个发动机都烧掉。如果不能让发动机点火，并让火焰稳定燃烧传向发动机的第二级、第三级，冲压发动机的研制就没法进行下去。

奋笔疾书的刘兴洲

为此，刘兴洲和同事们每天都在办公桌前绘制着各种图纸，分析已经得出的各种数据，然后又将改进的发动机装上试车台进行试车。他们每天的工作就是往返于试车台与单位之间，有时为了赶进度，就将办公桌搬到了试车台，一旦有试验结果出来，马上拿着手摇计算机一个截面一个截面地算起来。后来通过在冲压发动机入口处增加一个带冲坡的锥尖，他们成功地将空气速度降了下来。

冲压发动机试车时的声音能达到 180 多分贝，每次点火时，巨大的轰鸣声和震动能将地面的柜子掀开。为了获得第一手的试验数据，在冲压发动机试车时，有一个“观火”的重要环节，而当时并没有观测设备，需要有人近距离观察冲压发动机火焰燃烧情况。所以，每次“观火”时，大家先穿上厚厚的一层防护服，然后在外面再反穿一件棉军大衣，用来保护心脏。尽管做了这些准备，但在发动机点火时，巨大的轰鸣声和震动仍让人觉得胸口被一股巨大的力量挤压着，而这也是所有参与冲压发动机研制的人员都会经历的一个环节。

除了在发动机侧面“观火”查看内部火焰燃烧情况以外，还需要在发动机尾部观看喷出来的火焰燃烧情况。冲压发动机工作时，喷出来的火焰温度最高能够达到1800多摄氏度，而观察火焰的设备却非常简单。研制人员在发动机的尾部放上一个1平方米左右的小铁屋，在对着火焰的那一面装上一面特制的玻璃，当发动机试车时，人就躲在小屋里，透过玻璃观察喷出来的火焰是否符合设计要求。

发动机试车，伴随着巨大的轰鸣声，长长的火舌会突然从冲压发动机的尾部喷射出来。由于燃烧不稳定，火焰时长时短。有时候，原来安静燃烧的一小团火焰会突然变成一条长长的火舌“吐”向正贴在玻璃上观察的研制人员。虽然隔着一层玻璃，但还是能感觉到火焰的温度，突然加大的火焰也总是将人吓一跳。有时候，只见熊熊火焰突然从发动机尾部喷射出来，瞬间将小屋的玻璃全部覆盖，仿佛要将整个小屋燃烧掉。

就是在这样的环境下，研制人员不仅要克服心理上的冲击与恐惧，还必须认真地观察火焰燃烧。尽管玻璃被烧得发烫，但他们也要贴上去仔细观察火焰，以便获取真实客观的试验数据。

冲压发动机燃烧室内有一个用于火焰稳定燃烧的三角形稳定器，稳定器需要用螺钉固定到燃烧室壁上，但安装在哪里，却是一个极大的学问。

稳定器和燃烧室的喷油嘴要有一个适当的距离。对于稳定器而言，距离喷油嘴越远越好，这样燃烧室内的燃油能够充分雾化，极大地提高燃烧效率。

但燃烧室的长度是有限的，内部又有那么多的设备需要安装，并且总体部门希望稳定器和喷油嘴之间的距离越短越好，这样空气一进来就有总油管供油。

究竟应在稳定器和喷油嘴之间保持多长的距离，能够满足工程和设计的要求，这就需要经过反复试验来平衡双方之间的关系。稳定器通过 3 个支柱固定在燃烧室掺混段内壁面上，每次试验完一个长度后，都需要卸下 3 个支柱，调整稳定器，再换个位置。在燃烧室短短的空间内，研制人员自己都不知道最后试验了多少个长度。而为了抓紧时间，每次点火结束以后，燃烧室内温度还很高，浓烟也还未完全散去，试验人员就爬进燃烧室内拆卸螺钉。

为了抓紧研制时间，设计人员在试验现场确定试验方案后，工人立即按照方案加工，然后装到发动机上进行试验。尽管工作条件非常艰苦，工作难度也非常大，但研制人员克服了种种困难，以时不我待、只争朝夕的紧迫感，全力推动着我国冲压发动机的研制进程。为了试验，有的双职工晚上把孩子锁在家里，到单位开展攻关试验。

最终，我国的冲压发动机研制人员靠着自己的聪明才智与勤奋摸索，攻克了火焰摆动、富油振荡燃烧和低温起动等一系列难题。

在这个过程中，刘兴洲还发生了一件“意外”。1975 年至 1976 年，海鹰三号导弹研制已进入到关键时刻，有关部门经常召集有关负责人开会研究技术问题。有次例会原定于上午 9 点举行，一向守时的刘兴洲当天却迟到了半个多小时，并且一脸疲惫。会后，一起参会的张学仁向刘兴洲打听才知道，前一天晚上他煤气中毒了，即便如此，他还是拖着疲惫的身躯赶了过来，参加海鹰三号导弹技术讨论会。

8. “文革”坚守　远离是非寻罅隙

1966 年，正当国民经济的调整基本完成、国家开始执行第三个五年计划的时候，意识形态领域的批判运动逐渐发展成矛头指向党的领导层的政治运动，一场长达十年的“文化大革命”爆发了，党、国家和人民遭到新中国成立以来最严重的挫折和损失。

“文革”开始以后，七机部的冲压发动机研制工作受到了严重影响。当时有一种论调，叫做“反潮流”“不为错误路线生产”。所谓“反潮流”，说白了就是颠倒黑白。邓小平在“文革”期间复出抓生产，“四人帮”一伙就掀起了一股“反潮流”的运动。

受此影响，包括国防工业在内的许多工业部门的正常科研生产秩序受到影响，不上班、迟到或者早退的现象十分严重，厂房设备损坏失修，生产环境极差，科研生产无法进行。甚至有人提出了“大干大错，小干小错，不干不错”的荒谬逻辑，科研处于“有人无事干，有人有事无法干”的瘫痪状态，冲压发动机研制工作举步维艰。

尽管“四人帮”猖獗一时，但从整体上说，并没有能够扑灭广大科技人员对待自己从事的科学技术工作的热情，没有动摇广大科技人员对党、对社会主义的信任。即使在极端困难的条件下，他们仍然想方设法、专心致志、精益求精、不畏艰难、百折不挠地坚持攀登国防技术高峰。

刘兴洲对坚持科研的同事们说：“中国是中国人民的，如果讲反潮流，我们坚持科研工作就是对无政府主义的反潮流。”尽管当时情况非常混乱，1966年至1969年，CF-06冲压发动机还是进行了一百多次地面试验，解决了一系列重大技术问题。

就在科研工作进入罅隙生存的时候，1969年，刘兴洲离开北京，被下放到三院在河南商水的“五七干校”锻炼。

“五七干校”是“文革”时期全国各地各部门根据《五七指示》兴办或指定的农场，是集中容纳我国党政机关干部、科研文教部门的知识分子，对他们进行劳动改造、思想教育的地方。这类干校一般选址在偏远、贫穷的农村。

从1969年4月开始，大批领导干部、科技干部和一般干部被下放劳动，进行思想改造。到1979年11月干校撤销，三院在十年间共下放干部、学员3200余人。

下放到河南以后，刘兴洲并没有消沉。尽管离开了冲压发动机的研制一线，在“五七干校”每天都要从事繁重的体力劳动，但这并没有磨灭掉他对冲压发动机的雄心壮志。

每当结束繁重的农活以后，刘兴洲都会找出几张纸，就着昏暗的灯光绘制图形，进行各种演算，有时候，在灯下一坐就是好几个小时。有人劝刘兴洲注意休息，但对于他来说，还能坚持做自己喜欢的事情，就是一种苦中作乐，是消除疲劳的最好方法。

1971年，结束在河南“五七干校”的劳动以后，刘兴洲回到北京，回到阔别已久的科研一线，马上投入到冲压发动机的研制中去。尽管当时的科研环境依旧混乱，但他还是想方设法地开展工作，在他的心中始终抱着一个信念：我是为祖国、为人民在工作的。

从1970年开始，三院进行清理阶级队伍和审干工作，在极“左”路线的影响下，把一部分早年参加革命、对党忠心耿耿的领导干部和知识分子列为叛徒、特务和怀疑对象，作为死不改悔的走资派，立案审查，进行批斗，使他们的身心遭到严重创伤。在这种压抑的氛围中，刘兴洲尽量远离是非。当科研难以为继的时候，他将目光瞄准了另外的领域。

1972 年，不愿让时光白白流走的刘兴洲突然召集所里的一些人开会，讨论翻译《冲压和火箭——冲压发动机原理》。该书是冲压发动机与火箭发动机领域内的一本极其重要的学术专著，凝结着苏联专家的心血。当时我国在冲压发动机和火箭发动机方面的理论文献极其欠缺，国内大学生在学习中也面临专业书籍十分匮乏的问题。因此，这本书的翻译对我国冲压发动机和火箭发动机的研制和长远发展都有着极其重要的意义。该书的翻译工作得到了三院副院长梁守槃的重视。

刘兴洲的想法得到了许多坚持搞科研的同事们的理解和支持。经过分工，这项工作的牵头重任落到了他的肩上。刘兴洲的中文底子深厚，同时又有着 5 年的留苏经历，精通俄语，还是大家公认的我国冲压发动机技术的引领人，对书的内容进行专业把关不成问题。最后，除刘兴洲外，安庆芳、王尔滨、许绥文、李溯滋、张学仁、钟志宽、张克勋等人也参与进来。

说干就干。这些发动机专家们鼓足干劲，迅速将《冲压和火箭——冲压发动机原理》翻译了出来。作为主要负责人，刘兴洲除了负责相关章节的翻译工作，还要负责全书的统编工作。翻译书不是一件容易的事情，而统编全书同样也是一件苦差事。

大家都是业余翻译人员，不少人以前没有翻译经验，最终交出来的翻译稿水平参差不齐，文字风格各异，这给刘兴洲的统编工作带来了不小的工作量和难度。尽管如此，他没有丝毫的抱怨，白天工作繁忙，只能用晚上的时间进行统编。

图书翻译过程中还发生了一个小插曲。未经刘兴洲全盘统编的书稿交到出版社半个月后，出版社约刘兴洲商谈书稿修改事宜。编辑从书稿中抽出一章译稿往桌上一扔，甩出一句："这一章译得质量太差，要重译。"听了编辑的话后，刘兴洲拿着译稿仔细看了起来。随行的同事劝刘兴洲把译稿退给原译者重译，他想了想后说："还是我来吧。"

就这样，为了照顾原译者的感受，刘兴洲将重译的工作承担了下来。这也是大家对刘兴洲的一贯评价：宁愿自己受累，也不愿意伤及别人的自尊心。

1971 年，刘兴洲的夫人李若男结束"五七干校"锻炼回到北京，他们也将送到天津老家的女儿刘葆青接回到北京上学，一家三口重新团聚。这样，家里用来吃饭也被刘兴洲用来办公的三角桌，就成了孩子写写画画、叠纸拼图的地方。刘兴洲每天下班回家后还有很多事情要处理，于是，他便将家里隔断墙后小夹道的那台缝纫机收拾成写字台继续工作。为了使自己的注意力高度集中，每晚他都等孩子睡下后再继续干活，经常忙到深夜。

有一段时间，刘兴洲的工作特别繁忙，需要进行大量的试验，每天回到家都非常疲劳。李若男看在眼里，疼在心上，总是劝他注意休息，而他每次都答应下来，但仍如石头一样继续坐在缝纫机前。看着他一会儿写写，一会儿画画，还不时翻阅笔记和资料，再重复地写，重复地画，工作到很晚甚至熬通宵，李若男也只能尽量帮他做好"后勤工作"。

时值盛夏，刘兴洲居住的东平房隔热性极差，不管是白天还是晚上，整个房子就跟蒸笼一样。尽管天气很热，但是在修改书稿的时候，刘兴洲经常一动不动地伏在缝纫机上，任豆大的汗珠汇成一条条细线流下，浸透整个背心。由于天气湿热，刘兴洲身上长出了痱子，有时热得实在受不了，他就舀上一瓢凉水从头上浇下去，稍微凉快些后，又回到缝纫机前继续工作。

就这样，尽管“文革”期间科研工作受到了极大冲击，很多人放下了工作去“闹革命”，刘兴洲虽不能置身于时代之外，但他总是尽量让自己远离“政治”，专心于他的冲压发动机研制和探索工作。

9. 全弹试车 首次考核发动机

冲压发动机设计是否合理，需要经过试车台试验的检验。先是逐个部件的试验，然后将部件组装起来进行整机试验，全部完成以后还要进行联动试验，最后再进行整个动力系统的全弹试验。

在“文革”冲击下，冲压发动机的研制工作基本停滞，不少研制人员不忍心长此下去。在海鹰三号导弹初期飞行试验中，CF-06 冲压发动机没有得到考核的机会。为了确保将来飞行试验顺利，他们酝酿着要进行一次地面全弹试车，并得到了上级和总体部的同意。1972 年 4 月，三院决定进行海鹰三号导弹地面全弹试车，检验发控程序、发控设备与弹上各系统的协调性，测量弹体和发动机振动参数。方案和图纸都准备好了，但是一直无法实现，只能干等。而这一等，竟等了好几年。

1975 年，邓小平复出主持中央工作。当时，全国仍处于混乱状态，人们对“文革”产生怀疑，但又找不到正确的答案，加上“四人帮”在思想理论界宣扬了许多谬论，使人们的思想很混乱，对中国今后的发展方向缺乏正确的认识。由于长期搞政治运动，许多人把精力和兴趣投放到政治运动上去，没有心思搞生产，国家呈现出一片萧条景象。邓小平认为，必须下力气进行整顿，否则，国家就会衰败，民族复兴无望，更谈不上实现四个现代化。

知识分子一度被造反派称为“臭老九”。在新的环境下，毛泽东主席也亮出了“老九不能走”、我国不能没有知识分子的观点，这也等于提出了要落实知识分子政策的问题。邓小平领导的整顿工作产生了巨大的影响，造成的影响是巨大的。在这些影响中，最根本的是引起了人们的思考，为结束“文革”奠定了群众基础。

在这一过程中，研制人员抽时间进行方案设计、试验件设计，并找出闲置的现成设备，经过改造维修，建成了全弹试车的试验台。

1975 年 10 月 31 日，几经变迁的七机部三院召开动员大会，成立了全弹试车会战组，停顿了几年的冲压发动机试验工作终于又启动了。对此，冲压发动机研制人员马上制订了详细的全弹试车技术方案，列出了 50 多个问题，按日排出了计划进度。当然，全弹试车是一项复杂的试验任务，尤其是在冲压发动机研制停顿几年以后，进行这样的大型试验是要冒很大风险的。

当全弹试车任务提上日程的消息传来以后，所有研制人员都欢呼雀跃，他们希望以全弹试车为契机，让冲压发动机的研制工作重回正轨。获知这个消息后，刘兴洲非常高兴。冲压发动机主任设计师鲍克明立即和王树声、石卫华等动力技术研究所领导一起，着手组织攻关工作。所有人的心里都清楚，海鹰三号导弹全弹试车不仅是一场特殊的战斗，也是一次严峻的考验。

安庆芳是一位中年涡轮泵专家，曾做过肺切除手术，医生叮嘱他每天只能工作半天，当听到海鹰三号导弹将要进行全弹试车的消息后，他斩钉截铁地表示：一定要在攻关中作出贡献！

“这次海鹰三号导弹攻关，是我向往已久的。”张学仁，海鹰三号导弹动力装置、发动机系统组组长，一位多年从事 CF-06 冲压发动机研制工作的老工程师，得知全弹试车试验将启动的消息后如是说。

彭盛善是海鹰三号导弹攻关试车组组长，几天前还在抚顺休假帮家里脱煤坯，听说要全弹试车，他马上赶回到 101 试车台投入战斗。

回上海探亲的 101 油路组组长曹丕家在接到领导发来的电报后，立刻安排好家务，跑到火车站买了一张最早回北京的票，赶了回来。

负责攻关的机动维修组张宝华等工人师傅来了。负责攻关的政工组、后勤组、安全保卫组的同志，肩负各种使命的同志们都来了……他们中，有工程师、专家，有技术工人，有机关干部……但是，在这个特殊的战场，他们每个人都是突击队员、一专多能的多面手。为了让任务尽快开始，所有人都积极行动了起来。动力技术研究所所长王树声钻进油罐清洗油库，副所长石卫华亲临攻关现场，甘当“后勤部长”……

这支攻关队伍，像一部开足马力、动作协调的机器，围着一个理想的目标，紧张地运转起来……“大干二十天完成全弹试车准备工作，大干两个月完成全弹试车任务，让海鹰三号导弹早日上天飞翔”的口号，激励着每个攻关队员的心。

1975年11月22日，寒风凛冽，深秋的寒冷不亚于严冬。一个历史性的攻关战役，终于拉开了序幕。

海鹰三号导弹全弹试车外围战的攻关开始了。试车组的调台试车中遇到了台子主路与副路的气流温度不同步的问题，相差了90摄氏度，这是调台试车中碰到的第一个拦路虎。为了解决这个问题，研制人员群策群力，发扬敢想敢干的革命精神，认真钻研。

由刘兴洲、郑嘉祯、王学干、王希赞等同志组成的“三结合”小组通过研究，提出了几个解决方案，最后确定了在副路管道上采用电阻丝加热，石棉布和绳包扎、保温的方案。经过一系列的考核，“三结合”小组提出的方案，解决了主、副气路温度不同步的问题，为调台试车清扫了一只拦路虎。

在解决了台子主、副气路温度不同步的问题后，12月3日又迎来了解决主、副气路压力不协调的战斗。试验中发现，涡轮泵进气测量段的压力比主路压力低得多。经过试车组与发动机系统组的人员多次分析、研究及反复试验，终于找到了原因。

试车组彭盛善、郑嘉祯与发动机系统组安庆芳、王学干一起研究解决办法：采用直管段替换手动阀，以减小副路压力损失，并在主路管道上加孔板节流，以提高副路的压力。当天通宵夜战，边加工、边试验，一晚上连续进行了三个回合的孔板加工、安装和试验，终于在次日早晨7点解决了问题，为调台试车又清扫了一只拦路虎，圆满、胜利地完成了调台试车任务。

12 月 6 日下午，为了抢时间、赶进度，攻关领导小组决定晚上加班。试车组和发动机系统组的同志们发扬连续战斗的作风，和二车间的工人师傅们一起通宵夜战，直到又一个早晨 8 点，成功地进行了两次发动机冷吹预试。

夜晚，在寒冷的室外，张学仁、安庆芳、周永兴等在认真、细致地安装发动机、涡轮泵、调节器等设备。为了抢修压力调节器，郑嘉祯、田永明、李焕阁等不回家吃晚饭，彭盛善、柳秀琴、赵长寿等把小孩锁在家里，全力以赴地投入夜战试验。此时，刘兴洲、安庆芳等为调台和发动机冷吹预试的成功，已经连续奋战了 50 多个小时未合眼。

12 月 10 日夜晚，发动机热试车的战斗打响了。为了保证试车成功，试车组人员对各系统进行了认真的检查和准备。发动机系统组王兴甫、沈新康忍着寒冷，钻进装在台架上的发动机里，认真检查及更换预燃室堵盖。为了使烟火棒百分之百可靠，试车前，王佐玉认真细致地准备和安装。

夜晚 11 点 20 分，发动机预试开始了。随着指挥员的命令声，一声轰隆巨响，一束明亮的焰火喷射出几十米远，持续了 18 秒，发动机预试成功了。次日凌晨 3 点，又成功地完成了一次发动机预试。

经过两次成功的发动机预试考核，发动机与涡轮泵进口模拟参数达到了预定要求，说明试车人员模拟操作是熟练的，参加工作的发动机、涡轮泵、调节器及试车台性能是可靠的。这些为全弹试车的成功创造了良好的条件。

12 月 24 日，入夜，星光闪耀，璀璨夺目，与全弹试车的试车台灯光交相辉映。海鹰三号导弹以威武的雄姿，静静地等候着指挥员的命令。

全弹试车总指挥鲍克明默默地站在海鹰三号导弹身旁，他久久地在弹旁徘徊，一会儿用手轻轻地抚摸弹翼，一会儿用手指轻弹着发动机。这是我国第一代冲压发动机，凝结着包括鲍克明、刘兴洲在内的无数研制人员的心血。

在这重要的历史性时刻，刘兴洲不由得思绪万千。尽管多少年以来，他做过无数的梦，梦见冲压发动机推动着海鹰三号导弹翱翔在蓝色的天空，但是眼前的一切并不是梦，这是他多年梦寐以求的愿望，也是他多年翘首以盼的一天。

“铃铃铃……”清脆而急促的铃声打断了刘兴洲的思绪，它告诉大家：全弹试车即将开始。

刘兴洲稳步步入岗位，只见试车间墙上悬挂着“严肃认真、周到细致、稳妥可靠、万无一失”16 个鲜红大字。这时，开车员、记录员、监视员及列席人员都坚守在自己的岗位上，101 厂房外的巨型试车模拟信号屏上显示着耀眼的指示灯。

晚上 11 时许，随着“5、4、3、2、1，开车！”这一串宏亮、坚毅、清脆的口令声，试车模拟信号屏指示工作正常，紧接着一声轰隆巨响，一束数十米长的明亮的火焰从导弹尾口喷射出来，仿佛获得了自由，在夜空中肆无忌惮地燃烧着，并发出“呼呼”的燃烧声，把方圆数千米的上空映得亮如白昼。

持续了近百秒燃烧以后，火焰消失了。顿时，周围的人情不自禁地欢呼、跳跃，“成功了！海鹰三号导弹全弹试车成功了！”

成功的喜悦、胜利的欢乐，是任何言语都难以表达的。它像一股看不见的电流，在刘兴洲心灵深处激荡起情感的浪花。

在抓整顿形势的鼓舞下，在兄弟单位的大力支援、协助下，经过全体攻关人员日夜奋战，仅仅用了两个月时间，就胜利完成了海鹰三号导弹全弹试车任务，达到了预期目的。试验表明：冲压发动机工作可靠，弹上各系统工作协调，全弹试车取得圆满成功，为以后的飞行试验奠定了坚实基础。

1979 年 7 月 26 日，海鹰三号导弹 06 发发射，导弹安全离轨。6.25 秒，4 个助推器正常分离；7.1 秒，导弹在马赫数 1.63 时，两台 CF-06 冲压发动机同步点火；56 秒，发出自毁信号，90 秒后落水。导弹虽然做减速飞行，但试验获得成功。至此，海鹰三号导弹研制工作取得了实质性突破。总体方案正确，下一步需要解决推阻力不平衡问题。

1980 年 6 月，三院召开专门工作会议，明确改用 CF-03D 冲压发动机，决定研制三发推阻平衡试验弹，把海鹰三号导弹研制推向工程阶段，准备设计定型。

10. 冲压起飞　坎坷之路现曙光

1984 年 9 月 4 日，蔚蓝的天空飘着朵朵白云。在灿烂的阳光下，鹰击一号导弹斜卧在发射架上，安静地待命起飞。此时，发射阵地上一片繁忙景象，大家忙着进行发射前的最后检查。

指挥员发出“15 分钟准备”口令以后，发射场上异常安静，人们目不转睛地注视着祖国的银鹰。时间在不知不觉中溜走，发射场传来指挥员 1 分钟准备的口令，不一会儿，指挥台传来清脆的口令："5、4、3、2、1，发射！"只见刚才还安"卧"在发射架上的鹰击一号导弹突然有了活力，助推器发出巨大轰鸣，从导弹尾部喷出一团烟雾。霎那间，鹰击一号导弹如梭似箭，腾空而起。

转瞬间，又一阵轰鸣，冲压发动机喷出了两股明亮的火焰，助推器干净利落地分离。鹰击一号导弹一往直前，掠海向远方飞去，亮点越来越小……

"成功了！成功了！冲压发动机成功了！"

遥测数据很快就出来了。数据显示，鹰击一号导弹左右两台发动机同时点火，发动机工作平稳，经过 9 秒的加速，转入了 2 倍声速的巡航飞行，按预定目标飞完了全程。

阵地上一片欢腾。大家跳着，欢呼着，眼里流出了激动的泪水。刘兴洲表示，那是他一生中最高兴的时刻。地面试验数据与飞行试验所取得的数据对比一致，这意味着地面的试验手段是正确有效的。

这一天，中国人已经等了太久太久。从 1957 年刘兴洲和聂启铎在我国首开冲压发动机研制开始，其间走过了一条坎坷崎岖的道路，经历了三年大跃进的冲击、十年"文革"的浩劫，多少人为了它呕心沥血，多少人为了它长年累月坚持战斗。

胜利来之不易，这一成功是我国航天动力发展史上的一支凯歌。而这一切的胜利，离不开从 1957 年开始的刻苦钻研，也离不开粉碎"四人帮"给我国科研送来的春天。"文革"结束以后，我国各条战线都开足马力投入生产，冲压发动机研制领域也不例外，大家都鼓足干劲，决心把失去的时间抢回来。

"试验是科研工作者的节日，是收获最大的时候。我觉得试验现场是最生动、最具启发性的，有很多情况单靠记录是了解不到的。低温起动问题、预燃室和主燃烧室工作匹配问题、富油燃烧震荡问题……通过我们的努力，解决了一个又一个技术关键。”

“我们的情感随着试验发动机起伏。每次遇到挫折，我们都仔细观察每一件实物，默默分析每一个数据，认真查找各组成部分的关联……现象越复杂，越需要冷静而周密的思考，以找出解决问题的途径。”刘兴洲这样描述当年的工作状态。

为了迎接飞行试验的到来，1977 年，我国组织了 CF-06 和 CF-07 两型冲压发动机会战。“文革”结束，百废待兴，但谁也不伸出手来要条件，而是创造条件上马。接力棒传到谁手里，谁就千方百计地完成任务，只用了七天半，就完成了 CF-07 冲压发动机飞行试验方案的修改设计。

大会战在即，大家齐心协力、互相配合，器材部门送货上门，车间送工艺审查上门，实现了工作一盘棋。会战的重点是完成两型发动机涡轮泵、调节器与发动机的联合动力试验。国内查不到国外在这方面的研究资料，没有成熟的经验可供借鉴，这些都难不倒刘兴洲他们，大家积极开动脑筋，制定技术方案，并展开分析。

刘兴洲在埋头工作

根据分析，科研人员认为，通过在气流参数沿弹道连续变化的情况下考验发动机、涡轮泵和调节器的协调工作，能够更加接近飞行的实际情况。但开展这样的试验，绝对不是一件容易的事。为了能够获取最真实的数据，每次试验时，大家都全神贯注，仔细地把握着每一个环节。在这个过程中，每个人的情感也随着发动机的试验状况起伏。试验失利时，大家默默地分析着每一个数据，要在纷乱复杂的现象中抓住“牛鼻子”；试验成功时，大家享受着达到预期目的的喜悦。

对于研制人员来讲，试验时就是他们思想最活跃的时刻。试验过程中经常出现各种实际、意想不到的问题，要求大家回答。研究人员努力掌握事物的规律，驾驭试验的结果。问题来了，有如泰山压顶；问题解决了，就能如释重负。科研工作就是这样往复地进行着。

经过充分的试验，终于做到了使发动机按预定要求起动、加速，冲压发动机的技术“拦路虎”被驯服了。

经过科研人员的努力，鹰击一号导弹研制工作进展顺利，1977 年两发助推弹连连成功。1978 年 7 月 12 日，鹰击一号导弹第三次发射，这是冲压发动机首次在空中点火，导弹左右两台发动机在预定速度下同时点火，取得了空中点火的成功。接着，鹰击一号导弹继续进行了数次发射，取得了接近预期巡航速度飞行的好成绩。

在鹰击一号导弹成功以后，不少人将注意力投向了刘兴洲负责的海鹰三号导弹的CF-06冲压发动机。

海鹰三号导弹两次发射失败后，决策层决定先考核助推段，冲压发动机不参加工作。这让刘兴洲他们非常焦急，但是，分阶段进行飞行试验的方针不容改变。为此，刘兴洲他们提出了一个两全其美的建议：在助推器分离以后，即助推弹任务完成后，冲压发动机再点火工作。这对冲压发动机而言是更为恶劣的工作条件，但是为了获取发动机的试验数据，刘兴洲他们决心迎着困难上。最后，决策层采纳了这个延迟点火的建议。

1979年7月26日，海鹰三号导弹发射的时刻到了。一颗红色信号弹划破长空，一声令下，只见海鹰三号导弹如一支利箭，直射前方，“咔”的一声越过声障，接着助推器呈十字形分离，“轰”的一声，冲压发动机点火工作了，地面上的研制人员紧紧注视着，转瞬间，导弹飞出了人们的视野。

刘兴洲他们马上怀着兴奋的心情去看遥测记录，一人拿着一幅遥测胶卷紧张地判读着。“左右两台发动机同时点火”“发动机工作平稳”“左右两台发动机推力一致”“延迟点火获得成功！”发射阵地一片欢呼。

CF-06 冲压发动机成为我国低空超声速冲压发动机的第一个研制成果，其飞行高度 300 米、马赫数 2 的冲压发动机系列为世界首创。某些技术指标，如发动机低空超声速大负荷，尾喷管相对喉道面积 0.8，在地面做沿弹道连续变化的动态模拟联合动力试验等具有世界先进水平。

经过 CF-06、CF-07 冲压发动机的飞行试验，过去人们最担心的冲压发动机空中点火问题解决了。但飞行数据分析显示，弹体的阻力和发动机的推力不匹配，发动机未能实现正推力，导弹在冲压发动机点火后作减速飞行。这时有同志悲观地认为，实现低空超声速飞行是不可能的。

最后，刘兴洲等人决定加大冲压发动机直径，提高推力，为此分别研制了 CF-08 和 CF-03D 冲压发动机。当时正贯彻“调整、巩固、充实、提高”国民经济八字方针，按照缩短战线的要求，重点发展鹰击一号导弹，海鹰三号导弹转入预研。

11. 低空冲压　走出中国特色路

在海鹰三号导弹 06 发飞行试验以后，型号系统发现该导弹存在推阻不平衡的问题，三院决定更换冲压发动机，决定以 CF-03B 发动机为基础，研制 CF-03D 冲压发动机。作为海鹰三号导弹副总设计师，刘兴洲同时担任 CF-03D 冲压发动机主任设计师。

CF-03D 冲压发动机在设计思路上继承和吸收了以往型号的研制成果和经验，以缩短研制周期。为使发动机在接力点获得较大净推力，设计时有意识地减小发动机内外阻力，并根据发动机各部位的不同负荷，合理选用材料。

在改型发动机研制初期，曾依托 CF-03B 发动机进行了摸底试验，但由于

CF-03B是高空型号，工作马赫数比较高，进气道和燃烧组织不能适应低空超声速飞行的要求，因此，CF-03D冲压发动机在设计上进行了较大的修改。进气道型面采用了经过飞行试验的CF-06冲压发动机进气道型面，考虑到低空超声速飞行时的起动负荷较大，在结构上亦进行了加强。预燃室采用了进气道支板进气，喷嘴环由双环改为一个喷嘴环，以便于与弹体油路进行连接。同时，对冷却通道亦进行了调整，尾喷管喉道相对面积为0.8。

在研制过程中，共生产了3台CF-03D冲压发动机地面试验件，进行了116次使用直接加热的直连管试验。在试验中，刘兴洲等人发现该发动机点火起动时间较长，因而对发动机的快速起动给予了充分注意，采取了必要的措施，保证了点火起动的可靠性。

针对此前存在的问题，刘兴洲提出将喷嘴环改为单环顺喷并分5环供油。试验表明，使用这种环体所得到的燃烧效率较高，对燃油浓度分布并不十分敏感，最后得到了兼顾起动、燃烧效率较为满意的浓度分布。

在研制中，不时会有新问题被提出来。在有污染空气进行试验的基础上，刘兴洲等人又进行了纯净空气进气的直连式检验试验。这时，由于燃烧室温度的提高，产生了火焰筒烧蚀现象。他们采取了措施，解决了烧蚀问题。试验充分说明，纯净空气进气的检验性试验是非常有必要的。

由于条件的限制，CF-03D冲压发动机没有进行自由射流试验。有人就此提出了质疑。综合多位研制人员的意见，刘兴洲表示，类似工况的发动机如CF-06冲压发动机等，有大量自由射流试验的经验可供借鉴，因而可以越过这一研制步骤。后来的事实证明，他的这一思路是正确的。

CF-03D冲压发动机共进行了48次联合动力试验，在试验中达到了较好的压力、温度瞬态变化的模拟状态。试验表明，发动机在动态过程中起动可靠，加速、巡航性能满足要求，涡轮泵和调节器的工作可靠，这些都为飞行试验奠定了坚实的基础。

1984年9月，在鹰击一号导弹全程动力飞行试验成功后，海鹰三号导弹恢复上马。1986年7月，海鹰三号全弹首次自主动力飞行试验成功，CF-03D冲压发动机经过了飞行试验的考核。事实证明，该发动机起动可靠，左右两台发动机点火以及性能同步，工作平稳，满足要求，标志着CF-03D冲压发动机研制获得了成功。

铁的事实驱散了人们对冲压发动机的悲观情绪，也标志着我国跨入了世界上少数几个掌握冲压发动机技术国家的行列。自此，这群为冲压发动机研制披肝沥胆的研制人员终于可以自豪地说：低空两倍声速的飞行，这在我国是第一次，在世界上也为数不多。

中国人走出了自己的冲压发动机研制之路。

刘兴洲

刘兴洲院士传记

Academician Liu Xingzhou's Biography

第四章

进军涡扇

在新型飞航导弹“国家队”组建之初，刘兴洲被任命为该型小型涡扇发动机总设计师。他的探索，为涡扇发动机的后续发展奠定了坚实的基础。

1. 飞航导弹 先“机”后“弹”有铁律

1991 年，伊拉克入侵科威特，海湾战争爆发。

1 月 17 日凌晨 1 点 40 分，美国在对伊拉克的打击中亮出了一件“神秘武器”：美国军舰密苏里号战列舰向伊拉克境内的目标发射了 1 枚战斧巡航导弹。这是一种革命性的导弹，它掠过了 100 ~ 300 英尺以上的地面，躲避了伊拉克的雷达和防空系统。同时，它的时速达到 550 英里，射程达到 1500 英里。

海湾战争期间，美国海军的水面舰艇和潜艇总共发射了 288 发战斧巡航导弹，这些导弹摧毁了伊拉克的指挥和控制中心、雷达装置、防空导弹基地、电力设施和伊拉克总统府。“战斧”制造商雷神公司和使用方海军声称，该型导弹的命中率达到了 85%。军事专家惊呼，这是新的战争时代的到来。

在随后的沙漠之狐行动、科索沃战争中，以巡航导弹为主的精确制导武器在战争中的使用比例逐步提高。海湾战争中占比 9%，沙漠之狐行动中占比 70%，而科索沃战争中占比 98%。战争实践表明，以巡航导弹为代表的军事装备是现代战争和未来战争中的主要进攻武器。海湾战争等展示的现代高科技条件下作战的新情况和新特点，震惊了世界军事界。新型武器对战争带来的革命性影响，也冲击、启示着各国武器装备的开发。

巡航导弹是飞航导弹的一种，长距离的发射后不管型武器，它可以自己寻找目标，也可以用短程攻击的方式摧毁诸如舰船之类的战术目标。巡航导弹是一种不对称的武器，它可以实现以较小的代价摧毁敌方较大价值目标的目的。有军事专家统计，一发巡航导弹可以摧毁或重创一艘价值8000万美元的军舰。巡航导弹既能在陆地、空中发射，也能在水面、水下发射，同时，巡航导弹具有体积小、重量轻、命中精度高、不易发现和拦截、便于隐蔽和机动发射等优点，其较低的飞行高度，更增加了战争中的攻击突然性。而让它拥有如此神奇力量的正是其使用的涡扇发动机。

涡扇发动机全称涡轮风扇发动机，由涡轮喷气发动机发展而成，最早使用于航空领域。涡扇发动机具有推力大、推进效率高、噪声低、燃油消耗率低、航程远等优点，可以被应用于飞航导弹。但是，技术优势也让其结构复杂、设计难度大。

20世纪50年代至60年代，固体火箭发动机的发展一度使涡扇发动机归于沉寂。到了70年代，随着飞航导弹越来越高的要求，对尺寸小、质量轻、油耗小、成本低且维护使用方便的新型弹用涡扇发动机研制的需求也更加迫切。

伴随着涡扇发动机技术的成熟，以及涡扇发动机应用在导弹上的优越性不断体现出来，在国外也涌现出了一批先进的飞航导弹。

海湾战争后，我国国家领导人坚决表态：“新型飞航导弹我们一定要搞。”随即，一支由航天三院为牵头研制单位的“国家队”悄然集结，新型飞航导弹研制大门紧急开启。各单位集中精兵强将向三院有史以来技术难度最高、规模最大的型号发起总攻。

“只要国家需要，我们就是拼了老命也要上！”新型飞航导弹武器系统总设计师刘永才带着他的团队踏上了逐梦之旅……很快，一支数百人的研制团队组建起来，而其中30岁左右的年轻人就占了三分之二。

就我国当时的整体水平而言，要研制出新型飞航导弹可谓困难重重，而其中的难中之难就是发动机和惯性导航系统。动力先行，先有“机”后有“弹”是新型飞航导弹研制的基本要求。这里的“机”是指涡扇发动机。要搞新型飞航导弹，就必须尽一切努力把这块硬骨头给啃下来。

历史的重担又一次压在了刘兴洲的肩上，他被任命为该型小型涡扇发动机总设计师。但是，要啃下这块硬骨头又谈何容易。要知道，早些年在论证涡扇发动机的时候，国内有关部门已经给出过明确的结论：花10个亿，搞10年，也不敢保证一定能搞成。

作为我国飞航动力专业研制机构的动力技术研究所，20 世纪 90 年代，该所启动了小型涡扇发动机的研制。为了研制需要，动力技术研究所成立了涡扇发动机研究室。对于动力技术研究所而言，其专业优势是冲压发动机，而涡扇发动机的研制经验积累不足。二者虽然同为发动机，但中间如同隔了一座大山。

没有过多的经验借鉴，单纯依赖外界专家行不通，他们就狠下心来“自己解决难题”。面对极其有限的外文参考资料，刚刚参加工作的新人，捧起字典从语言开始学。

作为我国冲压发动机研制的先行者，经过数十年的耕耘，刘兴洲已经成为在行业内享有盛誉的权威专家。同时，他开始走上领导岗位，担任动力技术研究所副所长。此时再来涉足完全陌生的涡扇发动机研制领域，是不是对自己职业生涯的一次冒险？有些关心刘兴洲的人不免为他捏了一把冷汗。

但在刘兴洲对事业的追求中，他已经习惯了临危受命，也习惯了通过自己和团队的努力，将一件事情从不可能变为可能。这位大家眼中稳重的长者，欣然接受了组织的任命。他认为，在祖国的需要面前，个人的任何利益得失都是不值一提的。

在研制冲压发动机的时候，刘兴洲就时刻关心着国际上发动机的发展变化，并时刻都在“充电”。刘兴洲也敏锐地觉察到小型涡扇发动机将在未来的飞航导弹中发挥重要的作用。在海湾战争之前，从 20 世纪 80 年代开始，刘兴洲就开始领导小型涡扇发动机课题组进行小型涡扇发动机方案的论证研究工作。

幸运的是，经过数十年的发展，新中国的综合国力不断提升，我国发动机科研水平不断提高，通过不断的攻关，积累了丰富的发动机研制经验，并且培养了一批批发动机研制专业人才。同时，随着我国对外交流水平的不断提高，研制人员通过与国外专家的不断交流，视野也愈发国际化。

刘兴洲（右二）等接待外国专家

1992年，刘兴洲走马上任，向着涡扇发动机进军，开始了他在发动机领域的新征程。

2. 组装涡扇　百分之百国产化

涡扇发动机是集多学科、多专业于一身的复杂系统，技术难度非常大，当时航空领域已经对其进行了多年探索，但是也没有成功的经验。虽然也有参考资料，但是照猫画虎的办法在科研领域中显然行不通。

三院搞涡轮发动机的历史很短，更没有涡扇发动机的技术储备，完全是白手起家。但中国航天的哪一次创业不是从一穷二白开始的呢？在困难面前，刘兴洲没有丝毫的退缩，有了冲压发动机的创业经历，在面对小型涡扇发动机研制的时候，他更加有底气。

刘兴洲深知，要进行新的探索，首先要组织一支能打硬仗的队伍。在队伍组建伊始，刘兴洲就反复强调要广聚人才，努力聘请专业人才，尤其要引进培养青年人才，放到关键岗位上去锻炼培养。

万丈高楼平地起。由于当时国内对涡扇发动机的研制积累不足，刘兴洲等人的工作一开始是从消化国外资料开始的。在研制初期，刘兴洲经常组织大家消化发动机技术，开展发动机计算分析和试验分析。

这是一段枯燥而又艰苦的岁月。一方面，研制人员要尽快消化国外的资料，结合我国国情提出涡扇发动机的总体方案，另一方面，国家的需求刻不容缓，而他们却还“按兵不动”。

在学习吸收国外涡扇发动机技术的基础之上，刘兴洲结合我国国情提出了涡扇发动机的总体技术方案，经过研制人员的艰苦努力，在极短的时间内提交了涡扇发动机的设计图纸，并开始进行发动机部组件的研制生产。为了节约时间，动力技术研究所对试车台进行了改造，确保发动机能够及时进行试验验证。

在发动机部组件生产的时候，我国提出了百分之百国产化的目标。这一点对发动机的研制生产提出了不小的挑战。结合我国当时的工业基础，涡扇发动机的研制生产已经超出了我国的工业水平。发动机使用的材料，国内没有；发动机的加工工艺，国内没有；发动机的制造设备，国内没有……这些都是摆在刘兴洲和他的团队面前的拦路虎。

庆幸的是，涡扇发动机的研制得到了国家的高度重视，在全国一盘棋的安排下，涡扇发动机部组件产品的研制生产得到了全国各专业厂的支持。为了涡扇发动机的研制生产，刘兴洲带着团队走遍了全国各个领域的顶尖专业厂，寻找配套合作。为了寻找到最佳配套厂，刘兴洲反复叮嘱技术人员：“要挑行业内全国最好的厂家配套。”

尽管如此，还是有很多材料不能生产出来，许多厂家的生产工艺、产品达不到航天级产品要求。就发动机里面一个小小的轴承而言，国内实力最强的轴承厂生产产品的成品率依然不是很高。

为了解决这一难题，刘兴洲将研制人员派往各个协作单位，驻厂配合研制攻关。在这段时间里，他们一年到头驻厂的时间比在北京还要多。有些人买了辆自行车，穿了身厂里的工作服，就像厂里的员工一样，每天跟着一起上下班。有些时候，这些驻厂的科研人员会碰上一些难以解决或协调的事情，他们就会向刘兴洲发“求救信号”。

碰到这样的情况，刘兴洲二话不说，带个搪瓷缸，就跟着他们一起坐上火车去协调，有时一次得在火车上待几十个小时。尽管如此，已过花甲之年的刘兴洲精神矍铄，在工作中如同年轻人一样投入，一下火车就立即开展工作。从部件的设计、生产到组装、试验，他都悉心指导，精益求精。外协产品质量控制是个难题，腿脚不好的刘兴洲和年轻人一样东奔西跑，每到一处都是一下飞机、火车，就直奔生产现场，上沈阳、下株洲，科研人员去哪儿，他就去哪儿。

尽管研制历程艰苦，但让所有科研人员高兴的是，涡扇发动机实现了百分之百的国产化，在未来的重要型号上真正实现了自主可控。

在研制过程中，刘兴洲大胆创新。在进气道研究中，他提出一个新思路，经过反复的设计和试验，使得产品性能达到国际先进水平。同事们都说刘兴洲是一辆清障车，每当研制道路上出现了拦路虎，刘兴洲总能用他的学识及时清除。

在研制进入关键阶段时，他又提出扩大合作，借用高校力量加强研制工作。在冲压发动机的研制过程中，刘兴洲曾经和北京航空学院有过短暂的合作。考虑到动力技术研究所在小型涡扇发动机领域技术积淀不够，刘兴洲积极提倡“借用外脑”，加强和高校的合作，开展多项发动机技术课题研究，并筹划在航天航空发动机试制上布局定点。

通过这种方式，刘兴洲等人突破了发动机设计与生产多项技术难题，与此同时抓紧进行了发动机的试制和试验工作。部组件出来，似乎预示着涡扇发动机的点火试验指日可待，但是让所有研制人员未曾料到的是，一头拦路虎杀了出来。

发动机的研制道路，在总装上卡壳了。一个涡扇发动机由数千个大大小小的零部件组成，组装起来学问极大，真正是差之毫厘、谬以千里。一批合格的轴承，看起来没有区别，但是每一个选择都会带来不同的发动机工作效果；安装几个部件，先安装哪个后安装哪个都有讲究；拧紧螺丝是三圈还是三圈半，这里面都有学问……对于动力技术研究所的涡扇发动机研制人员而言，这些都需要他们通过一次次实践去检验、去摸索。

无数的挫折之中，有些人的心情开始受到了影响，一台发动机都装配不好，不仅面子上挂不住，还影响了整个型号的研制节点。每天只要有时间，刘兴洲都要来组装车间转一转。他默默地站在一边，看着大家干活，偶尔和大家交流两句，但更多的时候，不管是顺利还是不顺利，他都一如平日的沉稳，如同一座支撑大家信念的大山。

发动机迟迟不能总装出来，国内的其他竞争对手“攻势凌厉”，用户已经开始产生动摇……刘兴洲肩上承受着巨大的压力。要是不能及时攻破，这个尚未立项的发动机型号将胎死腹中，大家数年的辛苦也将付之东流。这既关乎三院发展，也关系到跟随他数年的科研人员的稳定。但是，刘兴洲并没有被压力所击倒，也没有乱了自己的阵脚。他继续按照既定计划，有条不紊地推进着研制工作，他相信自己，更相信这群和他一起夙兴夜寐的“战友”们。

发动机是新型飞航导弹的心脏。刘兴洲作为发动机总设计师，经常要与总体讨论协调各种问题。由于飞航导弹的特点，总体对各分系统的要求都很高，有些实现起来难度非常大，而有的年轻人说话也是不管不顾。尽管已经是院士，但刘兴洲从来没有发过脾气，也从未以院士身份板起面孔来训斥这些年轻人，他总是以学者的耐心和长者的宽容，从科学角度与他们进行认真的讨论。

涡扇发动机的研制队伍比较年轻，一上来就“啃”这块发动机中的“硬骨头”，其难度可想而知。在一次次的技术讨论会上，刘兴洲总是鼓励大家大胆地把自己的观点说出来。在他的鼓励下，每次讨论，大家都各抒己见，气氛十分热烈。在整个过程中，刘兴洲只是偶尔提几个问题，把握整体节奏。每次讨论结束时，刘兴洲总是习惯性地扶一扶他的黑框眼镜，然后说：“我总结一下，今天议题有以下

刘兴洲与青年技术人员讨论技术问题

几种观点……”然后逐项进行点评，对正确的观点给予肯定，对错误的观点分析原因。在这样的环境中，这支年轻队伍也快速成长起来。

经过几个月的努力，涡扇发动机终于总装成功，所有人悬在心头的一块石头终于落了地，此时，刘兴洲还是像往常一样，没有狂喜，就是开心笑了笑。更为重要的是，发动机总装成功坚定了用户的决心，令其相信动力技术研究所能够研制出满足我国需要的涡扇发动机。

3. 成功立项　突破技术大瓶颈

发动机总装成功是一件大事，但对于研制之路而言，这只是万里长征的开始。

研制一台涡扇发动机，最先解决的就是总体结构问题，而总体结构其实就是发动机的转子数目。所谓转子，通俗来讲，就是由轴承支撑的旋转体。在发动机中，转子越多，意味着设计难度越大。经过反复的讨论，动力技术研究所将涡扇发动机设计为双转子。方案一定，不少人不禁为这支团队捏了一把汗。

其实，刘兴洲不是没想过将发动机的技术标准降低一点，但是他也深深地知道，这样的话，涡扇发动机尚未面世就已经被淘汰。对于一名科研人员而言，他要做的，就是设计出领先于时代的产品。

技术起点如此之高，对于积累匮乏的动力技术研究所科研人员来说，要实现的目标难度极大。在宏伟的目标面前，他们没有失去理智，在试验方法上，他们采取一步一步走的办法。“不要一口吃成胖子”是他们常说的一句话。在试验过程中，他们先在发动机上安装一个转子进行试车，待试验成功以后，再增加一个转子。通过这样的方式，他们一步步取得了试车成功。

发动机要通过考核，需要经过全寿命试车试验，这种试验不仅是对前期技术的检验，也是对科研人员身体、意志的考验。在这个试验中，研制团队遇到了很大的挫折，研制进度一推再推，为了解决这个难题，刘兴洲他们连续几个月都在试车台攻关。

每天的上班时间是8点半，但7点一过，大家就很自觉地来到了工作岗位。试车条件非常差，强噪声、酷暑严寒、蚊虫叮咬让工作在里面的人很受罪。试车台区非常简陋，在一间单独的小屋里，发动机被放置在一个约1米高的台上，“身上”插满了各种测量管线，小屋和工作区的墙壁被一块大大的玻璃所取代，以便于工作人员进行观察。试车时，在发动机震耳欲聋的响声面前，这块玻璃的隔声效果形同虚设。相较于恶劣的试验条件，更让研制人员揪心的是试验过程中层出不穷的状况。刘兴洲只要有时间，就会到试车台参加发动机试验，在现场研究处理问题。

在研制中也有人提出，有些技术，国外已做了相应的试验，我们能否少做点试验，这不仅可以缩短研制时间，还可以节省研制经费。刘兴洲说："发动机试验一点也不能省，发动机实际情况和理论有很大差距，发动机是靠试验出来的，我们必须有自己的试验数据。"他的话不仅为研制队员们指明了研制方向和方法，也再次为团队树立起了"求真务实、脚踏实地搞科研"的精神理念。

有一次试车时，先后进行了多项发动机性能摸底试验。在进行常规检查时，发现发动机叶片出现程度不一的纹裂。更为严重的是，在未查明故障原因的情况下，发动机再一次发生热故障，导致发动机的部分结构发生了不同程度的破坏，发动机试车也未能按照要求继续开展，被迫中断。

要找出问题所在，刘兴洲和研制人员提出对发生故障的部件进行强度分析，而这有一个前提，是要相对准确地了解作用在发生故障部件的气动载荷。由于涡扇发动机是一个高温、高转速的机械，里面的机械结构和气体流动都异常复杂，特别是再加上强烈化学反应后，气流的温度、压力、组分等变得更加复杂，变化非常剧烈，而且是极强的受限流动，某些局部区域还伴有流动分离、二次流等。所以，要在短时间内找出问题所在，以及找出准确、可用于数值仿真模拟的气动载荷，也变得异常艰难。同时，科研人员发现，发动机内部流动属于三维可压有粘的紊流流动，其复杂性使得流场数值模拟的难度增大。

为了解决这一难题，刘兴洲和研究团队提出采用一种代数模型，通过解方程，对发动机内部流场进行详细分析。这种方法果然找到了问题所在。通过局部的结构优化和表面处理，加以多次的试验研究，一举解决了这一难题。

随着对涡扇发动机研制的深入，刘兴洲敏锐地察觉到，一体化的小涡扇发动机将是未来一个重要的发展趋势。对此，他和施发树在工作中提出建立准三维欧拉流动模型，对一体化小涡扇发动机进行准三维数值模拟。

经过分析，他们发现，无论是涡喷还是涡扇发动机，推力、耗油率、加速度都是主要的性能指标，因此，他们提出将计算流体动力学技术用于小发动机系统定常态和过渡态的数值模拟，并将性能模拟方法简单分为零维模拟、一维模拟、准三维模拟、三维模拟，通过统一数字数值方法，实现了一体化小发动机系统的数值模拟。

最终，研制团队凭借坚韧顽强的意志，艰苦攻关，突破了发动机技术瓶颈，摸清了原型机的性能和缺陷，为发动机下一阶段的研制打下了坚实基础。

刘兴洲的这些探索，为涡扇发动机的后续发展奠定了坚实的基础。三院领导曾经撰文："回想起三院技术发展的几个阶段性跨越，应该说新型飞航导弹的研制所产生的历史性变化就是其中之一，它让三院的整体发展迈上了一个新台阶。其中核心的东西是涡扇发动机的研制，这是一件很困难的事情。

刘兴洲在此过程中花费了很多心血，让这样一个技术在国内变得成熟起来。这是飞航导弹研制的一个里程碑式的变化。”

在出色完成全寿命周期试车以后，涡扇发动机获得了国家立项，发动机的研制取得了阶段性的成果。

此后不久，刘兴洲离开了他为之奋斗7年的涡扇发动机研制一线，转战其他岗位。他知道，更为艰难的挑战已经在等着他的到来。

4. 动力先行 铺就新型飞航路

尽管离开了涡扇发动机研制一线，但刘兴洲为涡扇发动机的研制成功立下了不朽的功劳。

盛夏的戈壁滩上，近40摄氏度的高温，这是所有研制队员所熟悉的炙烤。

早上8点整，指挥大厅里传出了指挥员清晰的指令：“10、9、8、7、6、5、4、3、2、1，点火！”

只见导弹拖着橘红色的火焰，呼啸着从发射筒飞出，尾焰在湛蓝的天空中留下洁白的轨迹。

此时的指挥大厅里一片寂静，所有人都屏住了呼吸，攥紧的拳头直冒汗……

“遥测跟踪正常……第一阶段飞行正常……第二阶段飞行正常……”播报声在大厅里回荡，热烈的掌声伴随着每一次播报。

大屏幕显示，导弹沿预定航迹飞行了一圈又一圈，转过了一弯又一弯，掌声一次又一次响起……

终于，大厅里传出了指挥员激动而又果断的声音：“成功！”数据显示，飞行距离大大超出指标，试验圆满成功！

新型飞航导弹研制成功，我国一举进入能够自主研制、生产和装备新型飞航导弹的先进国家行列。通过新型飞航导弹的研制，这辆飞航技术“火车头”直接带动了飞航导弹总体、飞行力学与控制、精确制导等多个专业快速发展。

2009年10月1日，新中国成立60周年阅兵仪式盛大举行。56个方队和梯队经过天安门，其中徒步方队14个、装备方队30个、空中梯队12个。10万名群众、60辆彩车组成的36个方阵和6节行进式文艺表演队伍依次通过天安门广场中心区，与广场上8万名青少年呈现的背景图案相呼应，在长安街上展示共和国发展的历史进程。

陆军、海军、空军、第二炮兵12个导弹方队整齐亮相。各型飞航导弹的亮相，让世人惊叹中国有了制敌的精确打击武器。

此时，刘兴洲就静静地坐在金水桥畔的观礼台上，当他远远地看着导弹方阵驶来时，这位导弹“心脏专家”再也按捺不住激动的心情。他伸长了脖子，把眼镜往鼻翼上推了推，努力往导弹方阵驶过来的方向张望。随着导弹方阵的慢慢驶近，他不知不觉缓缓地站了起来，然后跟着人群一起热烈地鼓掌。

从天安门归来的第二天，刘兴洲抑制不住心头的兴奋，挥笔写下了自己的观礼感言：

阅兵式扬军威，壮国威

60年大庆的阅兵式令人兴奋、令人震撼！军队方阵精神抖擞，步伐整齐，显示了仁义之师、雄壮之师、威武之师的精神面貌。这次检阅是新式武器亮相最多的一次，最引人注目的是航天人研制的各型导弹。我国武器装备的发展说明：中国人民解放军现代化水平有了新的跨越，中国人民被欺辱的时代一去不复返了！“朋友来了有好酒，敌人来了迎接他的是令他胆战心寒的撒手锏！”

群众游行显示了国家的综合实力

群众游行显示了我们国家在毛泽东思想、邓小平理论、三个代表重要思想和科学发展观的指引下，在政治、经济、科技、文化等方面取得的非凡成就，正确思想的引导是我们国家快速发展的第一动力。

一幅幅极富创意的彩车，描写了国家发展的精美画面，代表着祖国经济、科技、文化的大发展，神舟飞船、青藏铁路、信息技术、交通运输，等等，表明了祖国的面貌正在发生日新月异的变化，我国的综合实力显著提高，祖国未来江山的画面会更加美好！

联欢晚会欢快、团结、和谐

联欢晚会欢快、团结、和谐，令人振奋。全国各民族载歌载舞，表演了各民族的绝活，极富民族特色，是中华民族大团结的生动展示。晚会上著名歌唱家歌唱了国家的发展壮大，表达了热爱祖国、建设祖国的深情厚意，表达了建设和谐、美好家园的信心。烟火施放是晚会一大亮点，网幕烟花、音乐烟花美不胜收，使人目不暇接，科技和文化的融合产生了新的火花。党和国家领导人与群众同欢共舞，将晚会推向了高潮，全场掌声四起、欢声雷动。这是当今世界上无与伦比的晚会！

我国60年走过的道路使我们感到无比自豪！“一个面向现代化、面向世界、面向未来的社会主义中国巍然屹立在世界东方！”

这一场面过去不到四年，中国航天科工集团公司三院的新型飞航导弹研制团队荣获首批国家科学技术进步奖（创新团队），被树为国家级的先进典型，这也是全国企业界唯一的获奖团队。2015年9月3日，纪念中国人民抗日战争暨世界反法西斯战争胜利70周年大会隆重举行，中国首次抗战胜利日大阅兵拉开帷幕。阅兵展示了我国各型最新导弹武器装备，具备隐身突防、复合制导、连续攻击能力，命中精度高、杀伤威力大，是我军精打要害、克敌制胜的主战装备。这些成就包含了刘兴洲当年成果的后续发展。

离开涡扇发动机研制一线以后，刘兴洲还时刻牵挂着涡扇发动机的研制动态。在其他创新技术研究实施过程中，在重要技术问题方向把控上，刘兴洲始终以大家风范指导着后来人，让他们能够稳步前进而不是经历太大波折。即便遇到临时的困难，他也都以长者的姿态，帮助当事人化解压力、尽快归零。

一次适逢关键性能验证飞行试验，正好刘兴洲有空，就赶到了靶场发射阵地现场观摩。但由于现场发控软件射检流程出现问题，发射被一再推迟。大家劝刘兴洲到车里休息，他却执意要到指挥所现场守候，这一等就是3个多小时。许多试验队队员等得有些不耐烦了，刘兴洲走到试验队队员中间，安慰大家不要着急，他说，现在最急的是现场排故的同志。最后，发射因为错过了窗口时间而取消，刘兴洲也错过了一次亲眼见证自己研究成果的机会。

在回驻地的车上，不少试验队队员比较沮丧，刘兴洲安慰大家："发射前发现问题是好事，产品还完好无损地在我们手上，还有解决问题的机会，我们应该对自己的产品充满信心才对。"他和试验队队员们约好，下次有机会一定赶过来看打靶，但直到型号打靶成功，刘兴洲因工作忙，也没能抽出时间再来靶场。

刘兴洲

刘兴洲院士传记

Academician Liu Xingzhou's Biography

第五章

学术咨询

刘兴洲在专家咨询角色中，用实际行动展示了自己的战略思考能力，也形成了课题工作要分跟踪研究、概念研究和关键技术预先研究三个层次的方法论。

1. 迎接挑战 高技术里有乾坤

20 世纪 80 年代以来，科学技术迅速发展，对人类产生了巨大影响，引起了政治、经济、社会、文化、军事等各方面深刻的变革。许多国家为了在国际竞争中赢得先机，都把发展高技术列为国家发展战略的重要组成部分，不惜花费巨额投资，组织大量的人力与物力参与。

1983 年 3 月 23 日，美国总统罗纳德·里根在冷战后期的一个著名演说中提出了“星球大战计划”，其核心内容是用各种手段攻击敌方的洲际战略导弹和外太空航天器，以防止敌对国家对美国及其盟国发动核打击。该计划发表后，1985 年 1 月 4 日由美国政府立项开发，正式名称是反弹道导弹防御系统之战略防御计划（Strategic Defense Initiative，亦称 Star Wars Program）。这项耗资 1 万亿美元的庞大计划，如同 20 世纪 60 年代的“阿波罗”登月计划、70 年代的航天飞机计划一样，试图带动科技和经济的全面振兴，抢占 21 世纪的战略制高点。

“星球大战计划”令很多国家感到震动。1984 年 11 月 27 日，日本提出了《振兴科技的政策大纲》，包含 3 大部类和 96 项重大研究课题，确立了“科技立国”

的基本国策。1985年4月17日，法国政府提出投资高达2300亿法郎的《高技术合作宪章》。3个月后，西欧17个国家和欧洲共同体委员会成员国的外交部部长和科技部部长在法国首都巴黎召开会议，正式提出欧洲的“尤里卡计划”，目的是要使西欧保持与“美国平等的伙伴”地位，把握欧洲乃至世界经济技术发展的未来。

中国“两弹一星”的发展历程，让很多人深深体会到，在高技术问题上，“有一点儿”和“一点儿没有”大不一样，要想赢得主动，就必须夺取时代的制高点。20世纪50年代至60年代，国家财力有限，工业基础薄弱，但是党和国家领导人高瞻远瞩，对尖端科学技术非常重视。他们发出的“不但要有更多的飞机和大炮，还要有原子弹”“我们也要搞人造卫星”等号召，激起了广大科技人员的干劲。“两弹”及人造地球卫星等尖端任务的相继开展，带动了我国新技术的发展，也培养了一支攻坚克难的科技队伍。

面对新一轮的科技浪潮，1986年3月3日，王大珩、王淦昌、杨嘉墀、陈芳允四位老科学家起草了一份《关于跟踪研究外国战略性高技术发展的建议》，向国家提出要跟踪世界先进水平、抓紧发展中国高技术的建议。

《建议》认为，考虑到我国的经济实力，即使到

21世纪，也仍然必须考虑长远的科技发展问题。一是为了建设社会主义强国，要有一个和平环境，这就需要在国防上具有相当实力；二是必须迎接新技术革命的挑战，才能在改革开放的条件下立足世界，在世界高科技竞争中占有一席之地；三是高技术的发展，必将引起一场新的工业革命，它关系到国家和民族的兴衰。

《建议》送上去才两天，邓小平就批示“这个建议十分重要”“此事宜速做决断，不可拖延”。为此，国务院组织200多位专家制定了高技术发展计划纲要，即863计划。1986年11月18日，国务院正式发出了关于《国家高技术研究发展计划纲要》的通知。至此，一个面向21世纪的中国战略性高科技发展计划正式诞生。

这是一项具有远见的决定，对我国的发展产生了深远的影响。此后20年间，约有万名科研人员、百余家研究机构、百余所大专院校、近千家企业参与了这一计划的研究开发工作。正是在这股重视高技术、推动高技术研究的浪潮中，刘兴洲也积极迎接高技术带来的挑战，并在其中扮演重要角色，同时借此进一步打开了视野，也激励他不断丰富自己在高技术领域的专家咨询角色。

一个科学家如果具有战略思考的能力，这会比他的技术背景更有价值。这是因为他的战略眼光可以带动整个国家的进步，他的科学思维可以在上层决策中起到非常重要的作用。刘兴洲从此成为一个非常注重战略思考的人。

2. 载人航天　概念论证出成果

如今，以载人航天工程、月球探测工程为代表的中国航天事业发展得如火如荼，切实地推动着从“航天大国”到“航天强国”的历史进程。截至 2016 年年初，我国已经将 10 艘飞船、1 个目标飞行器和 12 人次航天员送入太空，全面掌握了载人航天三大基本技术——载人天地往返、航天员出舱活动以及空间交会对接。但在 30 年前，这一切都还是空白。

载人航天是密集性高、综合性强的尖端科学技术，是衡量一个国家的经济、科技发展水平的重要标志，是综合国力的重要体现，可以提高利用空间环境的深度与广度，更好地促进科学技术进步和高技术产业的发展。它集合了现代科学技术众多领域的最新成就，同时又对现代科学技术的各种领域提出了新的发展需求，从而推动了整个科学技术的进步和高新技术产业的发展。一系列创新技术的实施，使我国载人航天进入了国家重点发展计划。

1987 年，54 岁的刘兴洲被聘为航天技术领域专家组的成员。对照刘兴洲的研究资历，被选为专家组成员可谓“寄予深厚期望”，此次机会也为刘兴洲深入研究航天技术领域的创新课题，提供了难得的重要机遇。

“百家争鸣”是开创航天技术研究的起始点，没有百家争鸣和百花齐放，就没有科学的繁荣和理论的发展。专家组成员们在全国范围内进行广泛调研。那段时间，刘兴洲像人类学家开展田野调查一样，坐着绿皮火车不停地奔波辗转，参加了上海、沈阳、北京和西北等地区的调研工作。通过看现场、听报告、搞座谈，他深深地感受到我国的航天技术已经达到了一定的水平，同时拥有了一批从事航天技术工作的优秀人才，且各单位之间出现了横向联合的好势头，在科

中年时代的刘兴洲

研管理上也积累了一定的经验。这让他十分欣慰，感觉中国工程界的春天正在到来，产生了一种时不我待的紧迫感。

在经历了多年的学术争论后，专家组提出了由初级到高级分多步走的建议。充分利用我国返回式卫星的回收技术，以较少的经费和较短的周期研制出初级的天地往返运输系统——多用途飞船，使得我国尽快突破载人航天技术，解决有无问题，满足初期空间应用的要求。

刘兴洲始终站在航天技术、推进技术发展的前沿，积极参与我国载人航天发展规划、方案论证、材料收集工作，对技术攻关做出了大量卓有成效的努力。

刘兴洲作为主要撰写人之一，负责了相关技术方案的可行性及概念研究内容的写作。在使命感的驱使下，他不分昼夜、废寝忘食地奋笔疾书，对运载器的国外发展态势、我国任务目标、概念研究阶段论证的五种方案，以及选择发展途径的指导思想、发展途径选择和部署计划安排，进行了详细的分析。

刘兴洲撰写的报告在后来的评审中，被认为是“充分全面地占有国内外的大量信息，进行了细致的对比分析及高度综合，是一个好的概念研究报告，是进一步深入论证的重要科学依据，将对我国载人航天技术的发展产生重大影响”。后来，这份报告还获得了软科学技术进步二等奖。

事后，上级机关还特意向航空航天工业部发来感谢信，称赞刘兴洲“在航天领域概念研究、关键技术预先研究工作中勤勤恳恳，与专家委员会成员一起，团结广大科技人员，共同勾勒了我国载人航天的发展蓝图，为技术决策提供了科学依据，为我国载人航天的发展作出了重要的贡献”。

刘兴洲在参与论证的过程中也收获颇多，增强了对技术道路的信心。他在个人述职中谈到载人航天工程的开展，认为这表明中国已踏上征服宇宙的道路，航天技术必将继续向前发展：

“第一，这是加强国防的需要。如果说过去谁有控制权，谁就会取得战争的主动权。那么在将来，谁拥有制天权，谁才能取得战争的主动。在天上没有位置，在地上也难取得适当的位置。第二，人类总是要实现征服宇宙的理想。地球人口在增加，不可再生资源却在减少，人类必将向太空索取资源。花一定力量在航天技术上，使我国在未来空间利用上占有一席之地，是非常必要的。第三，航天技术是综合性的技术，是科技之花。航天技术的发展对国民经济和国防建设的发展有很强的带动作用。”

这些认识和观点的形成，对他后来的行动和作为产生了重要影响。

从 1992 年立项至今，载人航天工程一路走来，在事业上取得了非常辉煌的成就。目前，这一工程已经进入到了空间站建设阶段，较大规模的空间应用指日可待。在刘兴洲的有生之年，我国第一个目标飞行器——“天宫一号”也成功发射并运行。这不能不说是一种安慰。

作为老一辈的科学家，看着我国的载人航天事业越来越红火，刘兴洲打心眼里感到高兴。虽然由于专业原因，他没有参与载人航天工程的具体实施环节，但是共和国会记住这样一位低调的老人，他参与过工程的前期论证。

2010 年 5 月 3 日，北京奥运会火炬三亚首传两周年纪念日，刘兴洲还和神舟六号载人飞船总指挥尚志一起，重走了 2008 年奥运火炬传递之路。在同尚志的交谈中，刘兴洲高度肯定了“特别能吃苦、特别能战斗、特别能攻关、特别能奉献”的载人航天精神。

3. 领域拓展 风物长宜放眼量

1993年，一份来自国防科工委科学技术部的红头文件下发到航天三院动力技术研究所，上面写着：“聘任刘兴洲同志为航天领域第二届专家委员会成员。”

从组织架构上看，专家委员会成员在专家组成员上面一层。年近六旬的刘兴洲深深地感到了自己肩头的责任。那段时间，他在三院还担任型号副总师一职，科研工作非常繁重，需要在日常工作和专家咨询工作之间做好平衡。

在责任感和使命感的驱使下，刘兴洲的身影频繁出现在专家委员会组织的各种会议上。对航天发展蓝图、发展机遇与挑战、未来动力技术进步、基础技术的发展等问题，他总是积极思考并给出个人意见，同时努力做好分管工作。

第二届专家委员会的工作较之前有所深化，表现在提出了我国载人航天技术的发展蓝图，确立了两项火箭发动机的发展，建立了两个重点实验室，展开了专题组的预先研究工作。刘兴洲谦称，这中间自己也尽了微薄之力。

轻描淡写的“微薄之力”，是刘兴洲对自己那段经历的朴素总结。斯人已去，个中艰辛也随之烟消云散。一个不容忽视的事实是，通过对专家委员会组织的各项活动的深度参与，刘兴洲对自己所从事的吸气式发动机专业的认识也越来越深化了。

不同于火箭发动机，吸气式发动机主要在大气层内飞行，靠从空气中吸取氧气来支持燃料的燃烧，具有比冲高、推力大等特点。它无需携带氧化剂，可大大减轻飞行器的重量。刘兴洲通过参与专家委员会的工作，为后续对吸气式动力技术的研究，积累和储备了技术基础。

通过追踪国外天地往返运输系统的研究，刘兴洲深刻理解这是一种集航空、航天技术于一体的高技术方案，技术难点较多，特别是用于天地往返运输系统的吸气式发动机在国外也是一个久攻不克的难关。这符合世界前沿的战略思想，一旦成功，则我国的航空航天技术可一步达到世界先进水平，或大大缩小与世界先进水平的差距。

从自身专业角度，他也知道我国的技术积累还十分不够，而搞研究必须一步一个脚印。刘兴洲以对新技术的敏感和我国航天事业的全局性思考，和专家组一起提出了我国以载人飞船起步、以天地往返为发展方向、模块式发展我国大型运载火箭和天地往返运输系统的建议。

天地往返运输系统，既可航空又可航天，是航空技术与航天技术高度结合的结晶，将把空间开发推向一个新的阶段。它可以在大气层内飞行，进入地球轨道后成为航天飞行器，最终成为自由往返天地的运输工具；它可以把大的卫星送入地球轨道，一次投放多颗卫星更是拿手活儿；它能对在轨道上运行的卫星进行维修或回收；它能向空间站运送或接回航天员以及各种物资；它可以军民两用，还具有提升国防能力的用途。

美国设计的一种空天飞机作为天地往返运输工具，可搭载乘客305人，可在32千米高度和1.2万千米航程内巡航，其巡航速度高达5马赫。它的地面设施简单，维护使用方便，操作费用低，在普通的大型机场就能水平起飞和降落。它的飞行速度很快，地球上任何两个城市间的飞行时间都用不了2个小时，便于实现全球范围内的快速客运。

刘兴洲曾撰文说，21世纪的人类将向空间进军，如建设空间太阳能电站、研究和开发月球、建立空间生产设施等，均要求有先进、经济可重复使用的天地往返运输系统支持，否则就没有开发效益。随着技术的发展，空间的争夺将不可避免，天地往返运输系统在空间控制中发挥重要作用。我国要为人类作出较大贡献，在天地往返运输系统发展上应占有一席之地。

而最关键的技术是动力装置。可以说，发动机研制成功与否，将决定天地往返运输系统的命运。发动机必须在极广的范围内工作，即从起飞时速度为零一直加速到入轨时速度的飞行范围内有效工作。

动力装置应具备两种功能：一是用于大气层外的推进，满足太空运输的环境；同时，还可以用于大气层内的推进。单一类型的发动机是无法同时完成两个任务的，吸气式发动机要在大马赫数条件下工作，发动机的技术难度很大。因此，并不是所有专家都认可这一方向。

刘兴洲系统地阐述过自己对这一问题的看法：

“先进的天地往返运输系统是航天技术领域中最活跃的一个系统。新思想多，新概念多，情况变化多，不同看法也多。困扰从业者的不仅是如何干的问题，而是干不干的问题。我认为，第一，要进行空间应用、空间利用、深空探测等，都是为了进行空间开发，而先进的天地往返运输系统是空间开发的桥梁。人类在进入宇宙开发之前，必须解决经济的、安全的、重复使用的天地往返运输系统，否则‘上去了也维持不起’。第二，吸气式发动机在天地往返运输系统上的应用是必须要解决的问题。最基本的事实是大气中有丰富的氧气，飞行器可以不带或少带氧化剂，吸气式发动机的比冲比火箭发动机高三倍，可以大大减轻飞行器重量。吸气式发动机有较大的机动范围，可以应急着陆等。第三，抓紧中间成果技术研究。这样既可以形成较近期的目标，又是向更高速度发展的阶梯。”

根据我国实际情况，刘兴洲等人本着循序渐进的原则，提出了航天器研制要从小到大，从无人到有人，从超声速到高超声速直到天地往返，逐步实现先进的、可重复使用的研制建议，以及尽早开展相关动力技术研究的建议。

鉴于先进天地往返运输系统的重要性，刘兴洲建议制定相关的技术研究计划，主要考虑吸气式发动机和高速空气动力学的发展，且对吸气式发动机，提出了以下具体意见：

首先，划分发展阶段。美国著名的NASP计划下马原因之一，就是目标定得过大，指标定得过高，不得不收缩为较现实的目标。吸取国际上的教训，把发展过程分为若干阶段、逐步实施，是合理的。这一设想就是从低高超声速发展到高高超声速，从亚燃到超燃，从无人到有人，从导弹到飞机，从碳氢燃料到氢燃料。

其次，划分发展层次。仍然划分为跟踪研究、概念研究、关键技术预先研究三个层次。对国际天地往返运输系统的发展，仍可进行跟踪研究，分析国际上的发展动态；对各发展阶段形成的目标，要进行概念研究；对带有共性的关键技术进行单项课题预研。

再次，抓基础技术。抓紧天地往返运输系统用的发动机研究是必要的。

最后，抓基础设施。动力研制，设备先行。基础设施的建设对动力装置的发展至关重要。要进一步加强基础设施建设，促进动力技术的发展。

刘兴洲（左）与梁守槃（右）讨论工作

对于这种思路，专家委员会也持肯定态度。首席科学家钱振业曾高度评价刘兴洲的表现："能摆脱原单位的局部利益，真正站在国家的立场上，在'从中国实际情况出发，充分吸取国内外经验教训'的基础上，提出了诸多独到的见解和积极的建议，为国家航天高技术的发展，为本主题圆满完成使命，为主题组内始终保持着团结、协作的工作气氛，作出了积极的贡献。"

由于为航天高技术发展作出了突出贡献，刘兴洲受到了国防科工委的表彰。1997 年 5 月，他被聘为航天领域专家委员会第三届专家委员会咨询专家。从专家组成员到专家委员会成员，再到专家委员会咨询专家，刘兴洲在专家委员会中始终兢兢业业。

在专家委员会期间，刘兴洲负责联系动力装置专题组的工作。他始终强调，课题工作按照三个层次安排，即跟踪研究、概念研究和关键技术预先研究。所谓跟踪研究就是跟踪国际上先进的天地往返运输系统和动力装置的发展；概念研究就是在某个项目上进行较为深入的研究，弄清物理层次的问题，探讨技术可行性；关键技术预先研究就是抓几个重点项目，力争出成果。

在这期间，专题组抓了动力装置基准方案的研究，经讨论认为，这种推进方案是可行的，初步弄清了实施这一方案的关键技术问题。在关键技术预先研究方面，由刘兴洲牵头，重点抓了几个项目，如新型燃烧技术研究，建成了新型燃烧实验室，形成初步的研究成果。同时，还建成了新型发动机试车台，设计了具有国际先进指标的风扇等。

这些工作的并行开展，建立了基础设施，形成了一支吸气式发动机研制队伍，为进一步的工作创造了条件。另外，强调了把中间成果应用的论证提高到一个新的高度来认识。

刘兴洲相信，一旦天地往返运输系统实现了，将可以极大地提高天地往返飞行的安全性、经济性和使用的灵活性，但这一道路走起来必须循序渐进。

4. 当选院士　深厚造诣获认可

在我国航天事业成果层出不穷的同时，一批大家先驱陆续当选为中国科学院院士或中国工程院院士。

院士是学术界的最高荣誉称号。17 世纪中叶，法国最早建立院士制度。此后，其他国家纷纷仿效法国，成立科学院，聘选院士。中国的第一批院士产生于 1948 年，但当时国民党政权已处于风雨飘摇之中。

新中国成立后，1949 年 11 月 1 日成立了中国科学院，郭沫若任院长。该院以原中央研究院和北平研究院的部分研究所为主要基础建立起来，是国家设立的科学技术方面最高学术机构和全国自然科学与高新技术综合研究发展中心。因为借鉴了苏联经验，在很长一段时间内实行学部委员制，以加强学术领导和管理。

1993 年 10 月，国务院决定中国科学院学部委员改称中国科学院院士，同时决定成立中国工程院。1994 年 6 月，作为我国工程技术界的最高荣誉性、咨询性学术机构，中国工程院成立，选举产生了首批 96 名中国工程院院士。中国工程院院士，是国家设立的工程科学技术方面的最高学术称号，为终身荣誉。

在航天系统中的一、二、五院都有科学家当选为院士，但是在专业从事飞航型号研制的三院，却还没有产生一名院士，这似乎与其承担的重要使命不相符。

20 世纪 90 年代初，三院内部开始酝酿、筛选推举院士后备人选。作为飞航型号研制的单位，三院最有特点也最具优势的专业就是发动机。很快，三院将院士后备人选锁定在刘兴洲身上。

作为我国最早从事冲压发动机的研制人员，从 1957 年被分配到国防部五院，刘兴洲就开始了冲压发动机研制的筹备工作。此后，他又参与了冲压发动机试车台的设计准备，并主持了我国多个重要冲压发动机的研制工作。他主持设计的 CF-06 冲压发动机是我国首个研制成功的低空超声速冲压发动机，主持设计的 CF-03D 冲压发动机使我国飞航导弹获得重大突破。

上述两型低空超声速冲压发动机的研制，都取得了大量开创性成果。

在 CF-06 冲压发动机研制中，刘兴洲大胆选取新型尾喷管设计技术，改善了大喉道下发动机的低温起动问题，解决了发动机燃烧匹配技术、发动机本体与控制系统调节工作协调等问题，提高了燃烧效率；分析了火焰稳定器烧蚀原因，提出了解决措施。

在直径更大的CF-03D冲压发动机研制过程中，刘兴洲改进了燃烧室，解决了扩大发动机稳定工作范围、缩短发动机着火时间问题；设计了新的喷嘴环，解决了提高燃烧效率、缩短主燃室着火时间问题；解决了发动机快速起动问题，保证了发动机空中可靠点火。

历数成绩，刘兴洲都将成为两院院士的有力竞争者。但是，谁也没想到，推举刘兴洲参选院士的第一个拦路虎竟是刘兴洲本人。

当动力技术研究所有关负责人找到刘兴洲，谈到想推举他去参选两院院士的时候，刘兴洲听罢连连摆手说:“这不行！这不行！成绩是大家一起取得的，怎么能放在我一个人头上呢？”

任凭大家怎么劝说，刘兴洲就是不点头。几轮下来，大家都没有了办法，但是从三院角度而言，没有院士也是一种巨大的遗憾。熟悉刘兴洲的人知道，在他的心目中，组织利益总是高于个人利益。有人便想了个办法，对刘兴洲说，参评院士不是让您个人去争荣誉，而是让您代表三院展现单位实力。这一下，刘兴洲没法反驳了。就这样，本人这一关总算是过了。

根据院士推举程序，各研究院推举的院士候选人，首先要在中国航天工业总公司内部进行一轮筛选。当大家看到刘兴洲交上来的申报材料时，又犯难了。刘兴洲这份材料不仅写得简单，在谈及成绩的时候还极力淡化自己的作用。有人悄悄提示刘兴洲："您把成绩都给了别人，让评委们怎么信服啊？这样连航天工业总公司的内部筛选都没法通过啊！虽然成绩都是大家一起干出来的，但您是学科带头人，把成绩列出来也是体现集体成果，不是让您独自揽功啊！"

平时一向谦和、近乎"老好人"的刘兴洲也执拗起来。他回应说，这样的材料我不会写，评不上也不能把功劳全揽给自己。局面再次变得僵持，工作人员只得反复做他的思想工作。最终，在大家的帮助下，刘兴洲交出了一份合格的个人材料。

1994 年年底，刘兴洲递交了中国工程院院士候选人提名书。凭借在我国飞航导弹发动机领域的深厚造诣，在 1995 年中国工程院增选的 216 名院士中，刘兴洲当选为机械与运载工程学部院士。

消息传来时，领导和同事们都奔走相告。要知道，这可是国家工程科学技术方面的最高学术称号。对于一名科研工作者而言，它是一个莫大的荣誉。当选院士后，很多同事都向他表示祝贺。刘兴洲却总是摆着手说，这些成绩是大家一起取得的，我只是出来代表一下大家。当然，他也十分高兴，特意给同事们送了点糖果。

作为三院的首名院士，62 岁的刘兴洲让三院上上下下为之一振。这不仅是他个人的荣誉，也是对数十年从事冲压发动机研制的科研人员的肯定，更是国家对飞航导弹研制取得成绩的肯定。

当选中国工程院院士后，刘兴洲始终保持着一颗平常之心。有的单位早早就为院士配了奥迪车，还增加了很多相应的待遇，但刘兴洲却从不搞特殊化。他还是和普通职工一样，把黑包挂在车把上，蹬着那辆老式 28 自行车按时上班。

有一次开技术协调会，他迟到大约半个小时，到场后向大家表达了歉意。

当被问及原因时，他说下楼后发现自行车胎没气了，急忙去修车，所以来晚了。

又有一天，过了中午下班时间很久，家人准备好午饭，却迟迟不见刘兴洲回家，就往单位方向找，半路上看到他蹲在路边。原来刘兴洲上午就感到心脏不舒服，下班时骑不动自行车了就推着走，推不动了就蹲在路边。这是刘兴洲第一次犯心脏病，幸亏家人及时找到他并送医院抢救，否则就危险了。鉴于刘兴洲的身体状况，后来单位领导不顾刘兴洲的反对，坚持为他配了车。

专家委员会的角色和中国工程院院士身份的重叠，使得刘兴洲更加注重专家咨询作用的发挥，特别是后期对航天技术的积极倡导，使他更加能够从国家全局的角度思考冲压发动机专业乃至中国航天事业的未来发展。

5. 科技咨询　智囊团里献良策

从 1983 年 5 月起，刘兴洲开始承担科技委的工作，担任了动力技术研究所科技委主任。此后相当长的一段时间里，他都活跃在科技委的舞台上。1992 年 12 月，他又被聘为三院科技委委员。无论在动力技术研究所还是三院，刘兴洲研究的核心问题一直不曾改变。但是，作为科技委领导，他需要比普通技术人员看得更远些。

当选为中国工程院院士后，1999年8月，刘兴洲又被聘为中国航天机电集团公司(2001年7月更名为中国航天科工集团公司)科技委顾问。2008年5月，他被中国科学院某科技中心聘为科技委成员。在生命中最后的十几年里，刘兴洲不断地为集团公司和专业领域的技术发展建言献策。

中国航天机电集团公司科技委成立于1999年8月19日，后被定位为“集团公司发展战略研究的智囊团，技术决策的参谋部，培养人才、培育创新思维的摇篮，技术交流的园地”，受到了国家科技部、国防科工委、总装备部科技委和各军兵种的重视。

刘兴洲参与了科技委的组建工作。尽管当时型号与技术攻关任务十分艰巨，但作为科技委顾问，他还是积极配合科技委主任、副主任，做好科技委的各项工作。

在筹备小组的努力下，中国航天科工集团公司初步建立起了一支由高级技术顾问，科技委主任、副主任、常委、顾问、委员、专业组成员构成的400多人的专家咨询体系，形成了以科技委常委会为中枢，专业组为基础，总体部及重点所、厂为专业技术活动依托单位的有效运行机制。这种组织方式及运行机制，对科技委的后续工作起到了关键作用。

科技委的一项重要工作，就是开展集团公司2020年前型号和支撑性专业技术发展战略的研究。这项规模大、内容多、意义深的研究工作，由科技委副主任陈定昌牵头，全部科技委专家和各院、基地的科技人员参加。

这项工作耗时6年多，出版了6本研究文集。研究成果文献数据充实、论证充分，为集团公司武器型号发展及支撑性专业技术发展奠定了基础。某些新型号的提出、专业技术领域的发展方向，已得到上级单位的认可和支持。

6年时间里，刘兴洲积极参加各种研究会、交流会，对发展战略提出合理化建议。在深谙的冲压发动机领域，凭借多年的型号经验和对前沿技术的敏锐追

刘兴洲院士参加第二届冲压发动机学术会议并发言

踪，他提出了加强对新型冲压发动机研究，以满足国家未来军事发展需求的建议。他的研究成果对支撑集团公司后续的重点型号和核心专业技术发展至关重要。

十几年来，科技委组织专家开展了几十项研究，出版了2本《创新项目研究报告》文集。有些项目派生出新型号立项，有些项目实现了预研立项，对集团公司下一步武器型号发展提供了新的思路和技术支持，同时对基层单位深入开展科技创新项目研究起到了推动作用。

作为科技委顾问，刘兴洲积极参与创新项目研究。他在型号研制任务十分繁重的情况下，一直为集团公司、三院出谋划策，并亲自担任创新课题组组长，带领课题组完成了课题研究。课题研究报告向集团公司提出了较为系统的研究思路与发展建议，对如何运用集团公司现有武器打赢现代局部战争，具有重要意义。

按照集团公司科技委“技术决策的参谋部”的定位要求，科技委组织科技专家和人员，对集团公司深化改革、重大科技项目论证、技术改造、重大军民两用项目投资决策等各个方面，开展了全方位的决策咨询和技术支持工作。刘兴洲还经常参加国防科工委、总装备部、各军兵种等举办的各类重大项目研究论证评审、技术咨询和可行性论证、技术把关及质量分析、规划审查与中期评估、预先研究项目、科技成果鉴定等活动。他用丰富的技术知识和实践积累，提出很多有价值的意见和建议，为科学决策提供了依据。

在军民融合成为中国航天科工集团公司的发展战略后，科技委很多专家还肩负起为民品发展出谋划策的智囊团职能，刘兴洲也是其中重要一员。他和钟山、李伯虎、于本水、黄培康、黄瑞松、刘永才 6 位院士一起，曾就破解“地沟油”难题，向温家宝总理提出建议信。

当时，中国航天科工集团公司开发出一项新技术，可以用回收的地沟油制成生物柴油，既可以保障国民健康，又可以发展生物能源产业。这是一个利国利民的大好消息，但生物柴油产业尚处于发展初期，亟需国家出台相关政策加以扶持。

作为航天科技专家，院士们非常希望为国分忧。他们提出了三点建议：一是国家尽快出台对生物柴油厂的财政补贴，二是出台地沟油回收和再利用法规，三是在条件成熟的城市先试点再推广。此意见得到了国务院总理温家宝和国务委员马凯的高度重视，并迅速指定国家有关部门研究落实。

在科技委工作的日子里，刘兴洲还积极带头参加各种学术交流活动。这种活动既能更新知识提升自己，又能跟踪前沿提高起点，极好地促进了专业技术的发展。

刘兴洲

刘兴洲院士传记

Academician Liu Xingzhou's Biography

第六章

创新情结

在长期的跟踪研究中，刘兴洲发现新型航天技术得到了美俄等国的普遍高度重视。他坚定地认为，中国作为一个航天大国，不能在关键技术上受制于人。

1. 飞行历史 三个里程铸辉煌

从神话传说里的嫦娥奔月，到中国古代的万户飞天，再到如今的航空航天飞行，中国人的自由飞翔之梦越来越真切。但富于进取的科学家们从来不会止步于此，他们心怀着更大的梦想——飞得更快、飞得更准、飞得更稳。

在当今世界，人们对飞行速度的描摹，经常会频繁用到“超声速飞行”“高超声速飞行”等新的词汇。刘兴洲的一生，恰恰就与各种“飞行”密切相关。他所从事的发动机专业的使命，就是为飞行器提供又好又快的动力。

在刘兴洲的心中，始终萦绕着一个强国梦，那就是在航天动力领域尤其是在超声速技术领域不断创新、不断突破，赶超国际先进，姑且称之为“创新情结”。他倾其一生，为这一情结付出了实际行动。

对人类飞行史上的三个里程碑，刘兴洲了如指掌，并经常讲给学生们听。

第一个里程碑是莱特兄弟发明飞机。

1903 年 12 月 17 日，莱特兄弟驾驶的“飞行者 1 号”从美国北卡罗来那州基蒂霍克附近的山岗上腾起，实现了载人动力飞行的梦想。虽然此次飞行在空中停留时间只有 12 秒，飞行距离也只有 36 米，但却是人类历史上第一次展翅蓝天。

莱特兄弟的飞机为双翼式飞机，装有两台推进式螺旋桨活塞式发动机，每台发动机约为 12 马力。莱特兄弟驾机共飞行 4 次，其中第 4 次飞行空中停留时间 59 秒，飞行距离 260 米。

这一速度还不如 1886 年世界上第一次跑在伦敦大街上的四轮汽车每小时 20 千米的速度。虽速度不快，但寓意深远，是当时人类借助于动力留空飞行的最长纪录。

第二个里程碑是突破声障，实现超声速飞行。

自从莱特兄弟发明飞机以后，人们为提高飞机的飞行速度不断努力。但是，当飞行速度接近声速时，爆炸事故不断发生，原因就是碰到了空气墙壁。这类事故总是发生在飞机速度接近声速时，人们便把空气墙形成的飞行障碍叫做声障。声障是一种物理现象。

为了提高飞机速度，必须冲破空气墙设置的障碍。为此，科学家们改进了飞机外形，将机翼做成了薄的菱形或三角形，同时将机身和机翼前缘做成尖形，并使机翼后掠，整个飞机变成了箭头形。通过这一系列改进，飞机终于顺利穿过了空气墙。

1947 年，人类首次实现超声速飞行。10 月 14 日，在美国加利福尼亚州的爱德华空军基地，美国空军驾驶员查而多斯・耶格尔上尉乘坐一架 B-29

型飞机飞上蓝天，在飞机的腹部吊挂着一架 X-1 型火箭飞机，这个新型火箭飞机像一枚炮弹。

当飞机升空至 7600 米高度时，耶格尔上尉由飞机舱口的悬梯上爬到了火箭飞机的座舱中，历史的时刻终于到来。放飞！火箭飞机爬升到 12800 米时，以每小时 1080 千米的速度划破长空，雄伟而矫健地飞翔起来（注：在地面常温 t=15 摄氏度时，声速 v=341 米 / 秒 =1228 千 米 / 小 时。在 10000 米高空，温度约为 -50 摄氏度时，声速 v=300 米 / 秒 =1080 千米 / 小时）。

耶格尔实现了人类历史上第一次超声速飞行。现在世界范围内已有超声速飞机、超声速汽车。一些先进的喷气式飞机，其速度已是声速的两倍甚至三倍。

第三个里程碑是高超声速飞行，主要是突破热障。

所谓高超声速一般是指飞行速度大于 5 倍声速。我国著名科学家钱学森和郭永怀都是高超声速概念的最早倡导者。高超声速飞行器主要包括 3 类：高超声速巡航导弹、高超声速飞机以及空天飞行器。它们采用的超声速燃烧冲压发动机被认为是继螺旋桨和喷气推进后的“第三次动力革命”，其技术是整个高超声速飞行器技术体系中的核心技术。

所谓热障，指的是飞行器高速飞行时所遭遇到的高温情况。当飞行器在稠密大气中作超声速飞行时，受激波与机体间高温压缩气体的加热和机体表面与空气强烈摩擦的影响，飞行器蒙皮的温度会随飞行马赫数的提高而急剧上升。飞行马赫数为 2 时，机头处的温度略超过 100 摄氏度。而当马赫数等于 3 时，飞行器表面的温度则升至 350 摄氏度左右，已超过了铝合金的极限温度，使其强度大大削弱。

热障造成的危害会使蒙皮和结构变形，仪表设备失灵，燃料蒸发或易燃等。气动加热温度很高，发动机燃烧温度更高，这给飞机和发动机都带来了很多新的问题。要解决这些问题，需要突破多项技术难关。

2004 年 3 月 27 日，美国国家航空航天局（NASA）研制的 X-43A 飞行研究机在西海岸试飞成功，首次实现在吸气状态下的高超声速动力飞行，以每小时 8000 千米的速度创造了飞行时速的新世界纪录。研究机使用氢燃料，实现了自主飞行，飞行时间持续了 10 秒，飞行速度是声速的 7 倍，创造了巡航飞行速度的世界纪录，被誉为“莱特兄弟首次飞行以来航空航天技术的最重大突破”。

NASA 认为 X-43A 的技术里程碑有三点：第一次实现了冲压发动机的超燃动力，第一次实现在吸气状态下高超声速动力飞行，第一次实现在高动压下两个非对称轴的飞行器级间分离。

人类飞行的三个里程碑，以及所取得的成就，都归功于对飞行的不懈追求和极力创新。

国外航空航天的进步让从事航天飞行动力研究的刘兴洲院士的心情久久不能平静，国外对飞行技术的创新观念也深深刺痛着他的心。未来我国的飞行器如何发展，如何在传统中寻找创新，如何占据创新前沿优势，他早在 1998 年就倡议形成了关于飞行技术加大创新方面的专家建议书，并组织了多方面专家进行技术论证。

实际上，作为一名工程界领军人物，一直以来，刘兴洲都对国际前沿领域保持着密切跟踪。他在方法论中始终强调，课题工作要按照三个层次安排，即跟踪研究、概念研究和关键技术预先研究。这种形成于任航天领域专家委员会专家时期的方法论，贯穿了他的一生。

2. 创新推动 国际前沿受启发

从20世纪60年代提出以来，“高超”这一概念在国际上已经走过了50多年的春秋，中间也经历了三起三落。但是，X-43A无人机飞行试验的成功，使一度沉寂的高超声速飞行器研制再掀高潮。

在长期的跟踪研究中，刘兴洲发现高超声速技术得到了美、法、德、日、印等国的普遍高度重视。这也是他坚定地认为中国应该迎头赶上的重要理由之一。作为一个航天大国，中国不能在关键技术上受制于人。为此，他撰写了多篇文章介绍世界大国的高超声速技术，展现了学术带头人的一份责任和情怀。

早在20世纪60年代，美国就开始进行了高超声速推进技术的研究工作。美国国家航空航天局、海军、空军和有关的大学、公司、实验室，从理论研究、机理分析、部件特性、整机性能、地面试验等方面，对超燃冲压发动机及高超声速飞行器进行了深入全面的研究，取得了大量的科研成果。美国实施了多项高超声速技术计划，主要有：高超声速发动机计划（HRE），国家空天飞机计划（NASP），高超声速技术计划（HyTech），高超声速飞行计划（HyFly），高超声速飞行器试验计划（Hyper-X），从美国本土发射和运用兵力计划（FALCON）。

其中，在世界范围内掀起轩然大波的当属NASP计划。NASP计划是发展完全可重复使用、单级入轨、水平起降、超燃冲压发动机推进的空天飞机，目的是降低发射费用。1986年2月4日，美国宣布推行NASP计划，研究能水平起降、单级入轨的X-30。在尚未进行高超声速冲压发动机和小型飞行器飞行试验的情况下，就开展如此大规模的工程，显然缺乏基础，终因技术、经济、政治等原因，于1994年宣布结束。1995年后，在总结正反经验的基础上，美国对发展和应用高超声速技术方面采取了更为稳妥的循序渐进策略。

2001年，美国国家航空航天局和美国国防部联合提出了国家航空航天倡议（NAI），确定美国高超声速飞行器发展分三步走：近期致力于攻击关键目标的超声速/高超声速巡航导弹；中期集中于发展能够实现全球到达的高超声速轰炸机；远期瞄准可承担得起和及时进入太空的重复使用的运载器（如空天飞机等）。

2004年3月27日，使用了氢燃料的X-43A飞行研究机试飞成功。2013年，美国X-51A高超声速飞行器完成了第四次采用碳氢燃料的超燃冲压发动机试验。试飞器被成功加速到5马赫并持续飞行300秒以上，创下了人类吸气式动力高超声速持续飞行时间的新纪录，证明了采用碳氢燃料的超燃冲压发动机用于高超声速飞行的可行性。这些是美国在高超声速技术发展上取得的重大成果。

俄罗斯对高超声速技术研究也非常重视。1991年，在世界上进行了第一次超燃冲压发动机飞行试验，使用助推器带飞的方法试验了轴对称发动机，采用氢燃料，飞行速度达到6马赫。随后，法国、美国与俄罗斯合作，又进行了4次飞行试验。俄罗斯制定了“IGLA计划”，拟发展6～14马赫的飞行器。据了解，俄罗斯目前将高超声速技术发展的重点放在高超声速巡航导弹上。

俄罗斯依靠其在超声速飞行器和冲压发动机技术领域的世界领先地位，开展了高超声速技术的研究。几十年来，中央空气流体动力研究院、中央航空发动机研究院、图拉耶夫联盟设计局、彩虹设计局、莫斯科航空学院等单位长期致力于高超声速技术基础理论和试验研究，在超燃冲压发动机、一体化设计技术、吸热式碳氢燃料、耐高温材料、CFD 技术及基础试验设备建设等方面进行了大量工作，主要计划有“冷”计划、IGLA 计划、IGLA-31 计划等。

我国于 20 世纪 80 年代经过论证提出了载人航天的建议，并在部分单位开展了动力技术探索研究。刘兴洲恰好是这一过程的经历者和推动者。

持续关注创新，关注新领域、新研究思路的刘兴洲，对推动国内动力技术创新责无旁贷。

1998 年，在动力技术研究所承办的推进技术研讨会上，刘兴洲致开幕词：“飞行器的发展史在某种意义上说就是推进技术的发展史，有什么样的发动机决定了有什么样的飞行器。超声速技术已有 50 年的发展历史，这中间充满了艰难曲折，但它必将继续发展。吸气式动力装置必将对以天地往返运输系统为代表的先进飞行技术作出新贡献。”

此后，刘兴洲等 17 名院士、专家详细讨论了天地往返运输系统的前景和发展步骤，深刻阐述了这种技术在科学技术和经济发展上的作为空间。

天地往返运输系统具有反应能力快速、可远程快速运输部署、资源消耗少等特点，而且还将为未来利用空间、控制空间提供条件。在科学技术上，它突破了热障，接受了高强度激波考验，能实现高超声速巡航飞行，解决由此带来的噪声和声爆问题，使航空航天飞行出现革命性的变化。

在经济发展上，天地往返运输系统是军民两用技术，能够像普通飞机一样起飞、降落，进行洲际飞行，可将地球上任意两点的到达时间缩短至两小时，可大幅度地降低发射费用，极大地提高飞行安全性，使宇宙探索、空间开发成为现实。

以姚绍福院士为组长、刘兴洲院士等为组员的战略论证组，写出了天地往返运输技术发展研究报告，建议加大对天地往返运输技术的研究力度。

由黄瑞松院士担任组长、刘兴洲院士担任副组长的方案论证小组也随之成立，刘兴洲主要负责发动机部分。他们在方案确定、目标选取、技术途径、试验设施、人才培养等方面均提出了建设性意见，具有很强的前瞻性和科学性。

随后，我国在天地往返运输技术研究领域有多家单位参与竞争。这几家单位在实力上不分伯仲，究竟由哪个单位牵头，决策层有着不同的看法。但是，刘兴洲坚定地认为，既然技术掌握到一定程度便要向工程转化，那么由工程实力最强的单位牵头无疑是最合适的。最终，他的建议被采纳了。

和刘兴洲打过多年交道的总装备部蒋委员对这件事记忆犹新。他说虽然刘兴洲是动力技术研究所的人，但在这件事情上的坚持，完全出自他对技术研究的热爱和追求，毕竟其他几个单位的主要优势在于科研。这几家单位的优势联合起来组成攻关团队，有助于攻关措施的真正落地。

3. 导弹“心脏” 创新精神鼓与呼

型号研制，动力先行。发动机是飞行器的心脏。任何先进飞行器的发展与进步，都离不开动力技术的创新发展。

纵观国外，在动力技术上的创新，其起步和发展比较早。1986 年，美国政府批准 NASA 和美国空军启动 NASP 计划。该计划迅速成为历史上最庞大的开发工作，鼎盛时期有超过 5000 名工程师和科学家参与。除了航天承包商外，广泛的超声速研究高校项目也获得了政府资金的支持。通过这些努力，培养了整整一代以动力技术创新研究为代表的人员。

大洋彼岸的中国发动机研制者也同样在不停地追赶着创新潮流，刘兴洲便是其中的代表人物之一。为了中国人能够自由进入空间的宏伟蓝图，他将后半生的绝大部分精力都扑在了新型发动机的研制上。

1956 年从北京航空学院发动机系毕业后，刘兴洲就一直在以飞航动力装置研究为主业的航天三院动力技术研究所工作。1965 年，他从苏联茹科夫斯基航空工程学院毕业，获得了科学技术副博士学位。留学归来，他将所学知识运用到冲压发动机的设计与试验研究中，开展过一段时间的亚燃冲压发动机的研究。

冲压发动机属吸气式喷气发动机类，由进气道、燃烧室和尾喷管构成，没有压气机和涡轮等旋转部件。高速迎面气流经进气道减速增压，直接进入燃烧室与燃料混合燃烧，产生高温燃气经尾喷管膨胀加速排出，从而产生推力。

当冲压发动机燃烧室入口气流速度为亚声速时，燃烧主要在亚声速气流中进行，这类发动机被称为亚燃冲压发动机，目前已经得到广泛应用；当冲压发动机燃烧室入口气流速度为超声速时，燃烧在超声速气流中进行，这类发动机被称为超燃冲压发动机，目前正得到广泛的探索研究。亚燃冲压发动机一般应用于马赫数低于 6 的飞行器，如超声速导弹和高空侦察机。借鉴国外的先进经验，超燃冲压发动机一般应用于飞行马赫数高于 6 的飞行器。

从亚燃到超燃，似乎是一个顺理成章的过程，但跨度之大和创新难度之高，却是业内人士心知肚明的。20 世纪 80 年代，刘兴洲在国内率先开展了超声速燃烧技术课题研究。通过理论分析与大量实验，掌握了超声速燃烧技术的规律。课题研究报告《超声速燃烧实验研究 ⅰ、ⅱ》分别刊登于 1991 年和 1993 年出版的《推进技术》上。

由于国外的超声速燃烧技术发展得比较早，为了开阔视野，刘兴洲还开展了大量的出国学术考察活动。他希望通过学术交流活动，获取更多、更广泛的研究思路。

1989 年 9 月 3 日至 8 日，第九届国际吸气式发动机会议在希腊雅典举行。该会议每两年举行一次，由一个拥有 23 个成员国的国际执行委员会主持，专门针对吸气式飞行动力装置，包括航空和航天动力装置。刘兴洲与国内专家李志广、严成忠一起参会，并发表了未来吸气式发动机技术论文，提到满足未来需求的冲压发动机如果研制成功，将使航空航天技术出现一个崭新的面貌。

会议最引人注目的高超声速吸气式推进技术，仍属美国 NASP 计划的 Scramjet 发动机。开场报告就是由美国 NASP 计划主任 R.Barthelemy 介绍空天飞机计划。他特别强调 NASP 计划的目的有两点：一是加速新技术的发展，

刘兴洲参加国际会议

二是为了军事上的应用。最大的技术关键是推进系统，而推进系统性能的主要关键在于推进系统与飞机机体的一体化。同时，他还强调空天飞机获得较大有效载荷的关键在于对氢燃料的利用和管理。

这些观点掷地有声，让刘兴洲等人如饮甘霖。同时，NASP 计划“国家队”的项目管理方式也引起了他们的极大兴趣。在 1990 年第 2 期《航天技术通讯・第九届国际吸气式发动机会议情况报告》中，他们谈了四点体会，就包含“‘国家队’的做法，既有竞争又有合作，既有分工又有协作，值得参考。对于举世瞩目的超声速燃烧技术的发展，应积极跟踪”这样的表述。

那次会议，刘兴洲等人在感知美国、西德、日本、苏联、英国等国的研制进度时，也强烈感受到了冲压发动机和超声速燃烧技术这股涌动的潜流。那种感觉就像鲁迅散文描述的那样——地火在地下运行，奔突；熔岩一旦喷出，将

刘兴洲（右一）参加国际会议，与国外专家交流

烧尽一切野草，以及乔木。作为一名中国科研人员，他看到了差距，内心十分焦急。

1990 年 5 月，刘兴洲在赴日本参加第 17 届国际空间技术和科学会议期间，又参观了筑波空间中心、电子研究所、FUNUC 公司和日本国家宇航研究所（NAL），感受了日本在空间技术上的崛起，尤其是在二级水平起降空天飞机的关键技术——吸气式组合发动机上，已不只是停留在论文上，而是开始了具体研究工作。

1992 年，刘兴洲带领一批中国专家去俄罗斯考察。俄罗斯在高超声速飞行器推进系统研制工作中，取得了引人注目的成绩。通过参观实验室，他们学习到了在国内根本不可能得到的重要经验，为回国后进一步开展试验打下了良好

基础。回国后，刘兴洲整理了一份《出国考察技术报告》，介绍了国外有关空天飞机推进装置，尤其是吸气式发动机的研制情况。

1993 年 11 月 27 日至 12 月 11 日，刘兴洲等人应邀再次对德国进行访问，在此期间参加了 AIAA/DGLR 第五届国际空天飞机和国际超声技术会议。会议介绍了美国、德国、法国、俄罗斯、日本等国的高超声速技术研究状态及高超声速技术，这均是当时世界各国航天界非常关心的关键技术。

持续的动态跟踪研究和频繁的国际学术交流活动，给了刘兴洲在专业上很大的启示。他越来越坚定地认为，飞行器的进步，必然始于动力技术的巨大发展，推动动力技术的发展源于技术的大胆创新。比如，国外研究的超燃冲压发动机放弃携带氧化剂，从飞行中获取氧气，节省了重量。这意味着在消耗相同质量推进剂的条件下，超燃冲压发动机能够产生 4 倍于火箭发动机的推力。这是高超声速飞行一个重要的创新尝试，它所追求的目标是研制出更加安全的飞行器，有助于人类开发空间、利用空间。

在创新精神的鼓舞下，经过一段时间的案头工作，刘兴洲联合姚绍福院士发表了未来超声速技术发展的研究报告，全面分析了自己的所见所思，通过研究美国、俄罗斯、法国和德国的情况，希望借鉴国际经验教训。

通过对几个大国的比对分析，刘兴洲等人分析了国外在动力技术创新中的得与失，以及未来可能的发展趋势，提出动力技术的创新要“重视基础和应用科学研究；重视设备建设和科学试验；要设定有限目标，逐步发展”。

刘兴洲、姚绍福等人认为，经过一系列科研和预先研究的推动和支持，我国在涉及飞航导弹动力技术上已有了一定的研究基础。未来对飞航导弹的需求以及发展方向，将对动力技术的发展产生深远的影响。他们还对技术研究内容、设备建设、人才队伍、国际合作、计划进度和经费需求，提出了中肯的建议。

当然，创新之路并不平坦，其中也充斥怀疑、猜测。鉴于创新本身就具有很大的不确定性，一个新思想、新想法的提出，也意味着可能带来很大的压力。但是，刘兴洲的人生字典里从来就没有“退缩”二字，尤其是对自己看准的东西。

当刘兴洲的创新想法遇到挫折时，他和他的研究团队，揣着笔记本到处游说，向不同部门的主管领导、科学家们阐述新技术的研究对国家的重要性。人们惊讶于院士的谦虚姿态和执着精神，也在将信将疑中逐步接受他的观点。

20世纪90年代末，在刘兴洲的倡议下，召开了一个推进技术研讨会。其中一项集中讨论的议题是：国外天地往返运输系统相关技术发展遇到反复，对中国的启示是什么？这是一场凝聚力量、开拓创新的会议。来自国内研究机构的各路人士集聚在一个大会议室里，讨论气氛异常激烈。刘兴洲希望大家能够持续关注飞行技术领域的创新研究，重视新型动力技术研究，继承和发扬“两弹一星”精神和载人航天精神，全面推动航天事业的发展。

4. 科学实践　学术研究取成果

不同于数学、物理学等基础学科，航天工程学是一门应用学科。所有超声速飞行技术以及相关动力技术的研究，最终都是为了研制出符合时代要求的飞行器，满足社会发展的实际需求。

在刘兴洲的倡议和领导下，动力技术研究所率先提出了适应未来发展的新型动力技术的一些尝试和研究，以期为未来能够实现更高、更快的飞行要求进行技术储备。

刘兴洲牵头重点抓了几个项目，如先进燃烧技术研究，建成了相关研究的试验平台，设计了具有国际先进指标的风扇等。20 世纪 90 年代，我国第一台使用新型燃料的冲压发动机试验件首次点火并获得成功，验证了刘兴洲对未来相关技术的设想。几年后，在他的带领下，动力技术研究所在基础技术研究、原理验证、气体动力学、热管理技术等关键技术的储备和研究方面，均取得了初步进展。

刘兴洲相信，一旦人类站上了先进飞行的新高度，掌握了先进的发动机技术，将可以极大地提高飞行的安全性、经济性和使用的灵活性，但这一道路走起来必须循序渐进。

简而言之，先进的发动机技术是实现未来高标准飞行，乃至天地往返运输系统的核心技术。它涉及空气动力学、气动热力学、计算流体力学、燃烧学、材料学等多学科的前沿问题及其交叉，是先进燃烧、吸热型碳氢燃料、热管理、发动机/飞行器机体一体化等众多高新技术的集成。以其为动力装置的飞行器，对于国防安全、未来空间往返和航天运输都有重要意义。

经过对先进天地往返运输系统一体化概念的广泛研究和原理性研究的技术储备，刘兴洲及其团队有了较为明确的方向。

刘兴洲常说，动力先行，必须设备先行，新型设备是研制新型发动机的前提条件。为了进行发动机及其部件的试验，必须具有适当规模的地面设备，要具有适当的尺度、运行时间和测量诊断系统。

本着节约经费的原则，刘兴洲提出了试验设备改造计划。动力技术研究所的高空试车台是我国最早建成的一个空气喷气发动机试车台，自建成以来，主要承担了航空部门的涡轮喷气发动机试验任务。刘兴洲认为，可以将该试车台改造后进行冲压发动机的创新试验研究。他曾列过两张表格，将可改造的设备一一列出，思虑之周全可见一斑。

有了试验设施，试验过程中同样也存在很多需要攻克的难题，比如点火。新型发动机可能需要更高的飞行马赫数，燃料在燃烧室滞留的时间非常短，仅有千分之几秒，是毫秒级的。曾有人比喻，点燃燃料犹如“在龙卷风中点燃一根火柴”，可见“点火”之难。对此，刘兴洲曾明确发表过对未来发动机发展的看法。

第一个关键问题是性能。首先面临的问题就是解决不同需求的点火技术。点火可以有多种方法，例如可以用自燃燃料点火、用氢引导点火、用燃气发生器点火、用等离子体点火，如果气流温度达到燃料的自燃温度，就不需要点火措施了。其次是实现点火以后，要保持火焰稳定。不管使用什么方法，其原理都是要造成一定的回流区，以实现火焰稳定。因此，流路设计非常重要。

第二个关键问题是进、排气技术。冲压发动机的工作原理是高速迎面气流在进气道中减速增压，再进入燃烧室与燃料混合燃烧，产生高温高压燃气经尾喷管膨胀加速后排出，从而产生推力。但依靠进气道对气流进行压缩，在面对更高马赫数的流动条件下，会遇到激波附面层干扰等一系列问题，进而对性能产生影响。

第三个关键问题是结构。随着飞行马赫数的提高，发动机的某些前缘部位达到了滞止温度，燃烧室的温度更高。因此，一些部位要采用被动热防护，一些部位要采用主动热防护。这对材料和热防护结构提出了挑战。

第四个关键问题是供油控制。在高温下，采用什么方法供油，如何实现发动机的模态控制等，都是需要研究的问题。

秉持对这些个关键问题的看法，刘兴洲指导技术人员首先使用电弧风洞进行氢及煤油点火燃烧试验，然后改用直连式试车台重复了上述试验，测量了温度、压力、速度等值。这些数据也验证着所进行的数值计算。

刘兴洲带领团队，通过研究和探索，对创新冲压发动机燃烧室中喷射、混合、点火、燃烧稳定、高效低阻燃烧与结构抗烧蚀等技术，有了较深入的了解。在经过 3 个多月的一筹莫展后，历经多次研究和讨论，他所提出的创新研究以及相关基础技术研究取得了重要进展。团队成员小刘等在做试验的过程中，取得了预期效果，意味着这些技术得到了原理性验证。

兴奋之余，小刘第一时间给正在上海开会的刘兴洲报告了试验研究中取得的成果。刘兴洲很快回复了一条短信“祝贺”，接着又回了一条：“这是一个重要进展，祝贺祝贺。”会议结束后，在去机场的路上，刘兴洲打来电话，详细询问了试验组织情况，让小刘等人把试验数据整理一下，第二天上班来讨论结果。

此次试验研究成功，给刘兴洲团队吃了一颗定心丸。年轻人看到了希望，开始觉得这项工作可以干下去。小刘感慨，自参与这项工作以来，已过去多年。一个单项成果出得如此之漫长，也难怪很多年轻人不愿意干。

近几年，刘兴洲提出了解决冲压发动机部分瓶颈技术的新想法。一项验证该想法的技术和工作原理验证的试验任务，经过多年反复论证和前期攻关，终于要开展首次试验。因为首次试验存在不确定性，为了避免病中的刘兴洲对此事过分牵挂，研究团队在试验开始前并没有提前告知刘兴洲。大家心想，还是等结果出来后再告诉他吧。

事实证明，大家确实没有多虑。整个验证试验，从准备到成功，并不十分顺利，历时小半年时间。因为是关键部件，方方面面的专家都询问得很详细。试验当天，所有在场的人都捏了一把汗，但结果出乎意料的好，试验件完成点火，且一直工作到燃料耗尽，大大超出了设定的成功目标。

小刘参加完试验回来后，赶紧向刘兴洲汇报这一成果。当时，刘兴洲已躺在床上不能下地。小刘本打算只用 5 分钟时间向他汇报一下试验情况及成果。但听到试验成功的消息，刘兴洲拉着他的手问了 1 个多小时。“你们做得非常不错，希望大家一起取得更大的胜利。”平静、温和的话语，让小刘听后，既感到温暖，也感到心酸。

1 个小时以后，试验团队收到了刘兴洲的短信：“我向参试人员表示祝贺，也向参研人员表示祝贺。同志们的艰苦努力取得了成绩，希望在今后的工作中取得更大的成绩。”

这就是刘兴洲院士对创新孜孜不倦的追求。刘兴洲的创新精神推动着航天技术发展实现新的里程碑，他的新思想、新思路也必将为航天事业发展和国民经济建设作出更大的贡献。他的团队也正在用行动一步步兑现承诺。

刘兴洲

刘兴洲院士传记

Academician Liu Xingzhou's Biography

第七章

奥运火炬

刘兴洲作为珠峰火炬燃烧系统总设计师，组织方案讨论、技术研讨，亲临试验现场动手测试……他因此得到了一个亲切称号——“火炬院士”。

1. 珠峰火炬 一项特殊责任令

在古希腊神话中，人们对英雄普罗米修斯怀有特殊的崇敬之心，因为他勇敢盗取火种，给人类带来光明。起源于古希腊的奥林匹克运动，为了纪念这位英雄，在开幕前都要进行隆重的点火仪式。神圣的火种，从希腊奥林匹亚洒向世界五大洲，传递着和平、友谊、进步的理念。

如今，奥运圣火的传递已成为历届奥运会的重要组成部分，集中展示着奥运会各举办国的智慧与技术实力。

2001 年 7 月 13 日的莫斯科，在国际奥委会第 112 次全会上，中国申奥大使杨澜代表中国向全世界陈述了一个大胆的设想：

基于丝绸之路的灵感，我们的火炬接力将开创新局面。从奥林匹亚山途经人类古老的文明发祥地希腊、罗马、埃及、拜占庭、美索不达米亚、波斯、阿拉伯、印度和中国，以“共享和平，共享奥运”为主题，奥运永恒不熄的火焰将穿越喜马拉雅山脉，到达世界最高峰——珠穆朗玛峰，从而达到一个新的高度。

也许是被这惊人的创意打动了，就在这一天，伴随着萨马兰奇主席一声雄浑的宣告“BEIJING”，世界将第 29 届夏季奥运会的举办权交给了中国，交给了北京。北京奥委会在调研论证之后做出决定，一定要让奥运圣火在中国人的手中登上8844.43米的珠穆朗玛峰。

这是对世界的承诺，也将是对承研单位的一项特殊的责任令。

2006年1月17日，农历腊月十八，离春节还有12天。已过古稀之年的刘兴洲院士，做梦也没有想到，这项特殊的任务即将降临到自己身上。他更不会想到，一辈子低调的自己，还会因为这件事火上一把，甚至名气超出了自己的专业领域。

这一天，北京奥组委正式发函，委托中国航天科工集团公司承担北京2008年奥运会火炬珠峰燃烧技术攻关任务。

奥组委的来函原文如下：

"北京2008年奥运会圣火将抵达珠穆朗玛峰。鉴于珠峰地区特殊的地理气候条件，奥运会圣火燃烧将面临一定的技术挑战。为了确保顺利实现奥运圣火抵达珠峰这一历史性的创举，出色地实现有特色、高水平举办奥运会的承诺，经北京奥科委和有关科研单位推荐，我委研究决定，委托贵集团负责北京奥运会火炬在珠峰燃烧技术的研究与攻关工作。"

珠峰火炬，花落航天，出乎很多人的意料。中国航天科工集团公司，一家以导弹武器研制为主业的大型国有企业，竟然会和奥运会火炬扯上关系。作为我国发动机领域的著名专家，刘兴洲院士也在不知不觉中参与到了这项国家科技工程中，为自己的人生又添精彩一笔。

2005年10月20日，当游客们流连于北京层林尽染、漫山红遍的秋季美景时，一个由北京奥科委组织的“协助研究解决北京奥运会火炬在珠峰峰顶燃烧等技术问题专家研讨会”，却让很多人辗转难眠。

奥运项目举世瞩目，包括万家乐、方太、华帝等全国很多知名厂家纷纷赶来，期望搭上奥运快车。这其中，也活跃着中国航天科工三院的身影。会上，各路英豪唇枪舌战，好不热闹。可6天后再去开会的人们发现，留下者已经寥寥。与其说，珠峰项目是一张奥运搭车票，倒不如说是一块烫手的“山芋”、难啃的“硬骨头”：高寒缺氧、低温低压、雪域大风……如此恶劣环境，正常燃烧已属不易，更何况要在漫漫登途中保存火种，还要在珠峰点燃火炬！这是各路技术上从未想过的课题。而且，珠峰火炬研发制造不是市场化行为，没有太高报酬，有关费用还需要研制单位自行解决。

难度前所未有，又没有实在好处，许多单位失去了热情，纷纷退出竞争。

对中国航天科工集团公司来说，这一任务同样富有挑战。虽然高空、低压、低温、高风速和缺氧燃烧技术在工程上已有相关研究和应用，但奥运火炬在珠穆朗玛峰传递所面临的综合环境条件还是第一次。在珠峰地区传递火炬是一项世界性的、没有经验可以借鉴的科学难题，需要百分之百可靠地解决低压低温强风点火与可视燃烧、大海拔跨度长时间火种传递、珠峰地区环境模拟等技术难题。

然而，在科技奥运的牵动之下，中国航天科工集团公司的技术人员还是细致地做了一份火炬设计方案，并向奥科委作了汇报。由此，北京奥组委领导对中国航天科工集团公司的研制试验能力有了全面的了解，将无人参与竞标的珠峰火炬燃烧系统专门委托给了中国航天科工集团公司。而这项任务最终落到了在燃烧专业具有优势的三院动力技术研究所身上。

相较于珠峰火炬，地面火炬的招标则应者云集，全世界共有380多家单位参与竞标，真可谓“八仙过海，各显神通”，但大多数投标发力点都集中在外形设计上，真正涉及燃烧系统的并没有几家。

2006年9月27日，中国航天科工集团公司奥运火炬研发部“双火焰”“低海拔”地面奥运火炬燃烧系统方案，和联想集团“祥云”火炬外形共同中标。

这样，刘兴洲团队需要承担的具体任务包括：研发北京2008年奥运会地面手持火炬燃烧系统（与联想祥云火炬壳体匹配），和珠峰火炬系列产品（包括珠峰火炬、珠峰火种灯、高原火种灯、珠峰引火器和高原圣火台），最终要实现这样一个目标——火炬既要在世界五大洲传递，又要登上世界最高峰！

2. 责任如山　火炬压力胜军品

北京奥运会是中国人民的百年期盼，珠峰火炬传递是中国人对世界的承诺。要百分之百可靠，还要满足电视直播、环保等特殊要求。但是，北京奥组委给中国航天科工集团公司火炬研发团队的时间非常有限，仅有两年多。

航天科研人员心中非常清楚，型号研制一般都有一个周期，如果试验不成功还可以再试，但奥运火炬则没有后路，它对时间有着严格的限定，且有着极强的政治性。这令所有即将参与这一项目的科技人员，感到前所未有的巨大压力。刘兴洲院士也不例外。

2006年7月，为高效组织奥运火炬的研发，中国航天科工集团公司专门成立了奥运火炬研发部，聘任集团公司副总经理薛利为奥运工程总指挥，动力技术研究所刘兴洲院士为火炬燃烧系统总设计师，薛亮、高炳欣、吴启宏为副总指挥，邵文清、叶中元、胡申林为副总设计师，在动力技术研究所召集了一支由15人组成、以年轻人为主体、老中青相结合的奥运火炬研发团队。

伴随着研发团队的确立，中国航天科工集团公司还确立了几条硬的原则：一是像航天型号工程一样，设立行政总指挥和总设计师，实施两条指挥线的指挥办法；二是按照系统工程方法进行项目管理，实行计划网络图调度；三是贯彻周恩来总理生前提出的“严肃认真、周到细致、稳妥可靠、万无一失”的原则，实行设计、试制、试验、生产全过程的质量管理、控制和监督。这完全是航天军品管理思路。

很多人并不知道，刘兴洲起初是被动地接受这一任务的。他曾对好友任国周说:“奥运火炬这个事情,我毫无思想准备。我感觉它主要是上级为了展示航天实力争取而来的项目。但是,国家把任务交给了动力技术研究所,就意味着我们一定要完成好这项政治工程。火炬比军品还要军品!只许成功,而且必须成功!我们不能在世人面前给祖国丢脸。”

作为一个接受过“又红又专”教育理念洗礼的老一代专家,刘兴洲强烈地感受到自己所承担的千斤重担。在公开场合,他反复地讲:研制奥运火炬一定要像研制航天型号一样严肃认真,严格地进行质量管理、控制、监督。低海拔地面火炬能否在世界五大洲传递,奥运珠峰火炬能否在珠穆朗玛峰峰顶点燃与传递,都将关系到北京奥运会的成功举办,不能等闲视之,更不能有半点马虎。

除了能够想象得到的技术攻关难度,奥运火炬还需要耗费不少人、财、物资源。因为它利润空间小,难以形成经济贡献率,反而需要所里投入不少钱,有人认为这是“花钱赚吆喝”。

政治压力和经济压力,让刘兴洲心存顾虑。尽管如此,他没有一点埋怨情绪,而是积极想办法。作为总设计师、学科带头人,他深知自己责无旁贷,到了这个时候更不能三心二意,不能退缩,否则这一重担让谁承担呢?

他主动找到动力技术研究所返聘专家任国周研究员,语重心长地说:“火炬产品不同于理论研究,最终要向全世界展示,这个工作难度较大。你有工程上的丰富经验,希望可以多贡献智慧。人们常说,科研后墙不倒,但实际上有时候可以商量。可是,奥运会的后墙不倒是真的,这个压力非常艰巨。成功靠什么?靠咱们齐心合力。”

所谓“人心齐,泰山移”。很快,以从事冲压发动机研究的动力技术研究所研究人员为主体的火炬技术团队成立了。冲压发动机,在原理上与火炬有一定的相似之处。刘兴洲相信,他们在工程上的经验积累一定有助于火炬的研制。

刘兴洲（前排左一）与火炬研发团队讨论工作

火炬团队一成立就开始开展工作，查资料、论方案、建实验室、设计、试制、试验、改进、再试验……齐心协力，集智攻关，克服困难，不辞劳苦。刘兴洲院士还亲自严格把握奥运火炬乃至各组成部分的质量控制：从设计、试制、试验，到生产、检验全过程。

正是有了刘兴洲这样一位经验丰富、知识渊博而又极具亲和力的院士带领，火炬研发团队在没有任何资料和图纸可借鉴的情况下，凭借着“两弹一星”精神，自力更生，克服困难，为祥云火炬打造了一颗坚强的“心脏”，兑现了中国对世界的申奥承诺，为北京 2008 年奥运会成功添上了浓墨重彩的一笔。

3. 环境模拟 珠峰请进实验室

毫无疑问，在奥运火炬研制任务中，难度最大的还属珠峰火炬系列产品。难，一方面来自于珠峰峰顶环境的苛刻，另一方面来自于地面试验环境模拟之难。

世界第一高峰珠穆朗玛峰，是一条近似东西向的弧形山系，位于我国和尼泊尔交界的喜马拉雅山脉之上，终年积雪。资料显示，登山季节，珠峰的自然环境条件为：大气压为 0.3 ~ 0.4 个标准大气压，氧气含量为海平面的四分之一，温度零下 20 摄氏度左右，风速 18 米 / 秒，同时还有方向不确定的风、雨、雪等。

按照工程的研制方式，环境模拟试验十分重要，它直接关系到对产品性能的检验与考核。在两年多的研发周期里，刘兴洲及其团队成员的工作地点多在北京。那么，如何在北京尽可能地模拟出珠峰环境，是他们首先需要考虑的问题。

作为一个军品研制单位，动力技术研究所并没有专门针对珠峰火炬的实验室、试车台等。因此，刘兴洲和团队自己动手设计，对照试验指标，建立了大风低压实验室，改造了高空试车台。他曾风趣地对媒体记者说：“我们把珠峰请进了实验室。”

把珠峰请进实验室，谈何容易？其实，刘兴洲等人深知，在低海拔地区，他们很难综合模拟出珠峰的复杂环境，但如果将这些综合指标进行单项分解，这种“不可能”便变得“有可能”了。他们抓了两个核心——大风低压实验室和高空试车台。

大风低压实验室的主体结构是大风低压舱，用于模拟珠峰峰顶的低压和大风环境，以及其他海拔的高原地区压力和风速条件，为珠峰和高原火炬研制提供试验条件。

它采用外部用水环真空泵抽吸、内部利用轴流风机形成局部高风速的方式，实现了对低压、大风环境的模拟。舱体内部使用空间尺寸为 2.5 米 ×1.5 米 ×1.8 米，采用网格形式的加强筋进行加固，总重量约 2.5 吨。

由于时间要求异常紧张，刘兴洲和他的团队没有时间列出详细图纸，而是由设计人员拿着主要结构尺寸草图直接到现场，和加工方配合完成。

该舱的加工难度有三点：一是舱体尺寸较大，低压真空条件下舱体侧面受力约 32 吨，变形严重，需要进行多次形状矫正。二是舱体两侧各开了一扇 1.2 米 ×0.8 米的舱门，门上开有 0.4 米 ×0.4 米的观察窗，采用夹胶钢化玻璃。门开孔及焊接部位变形也较为严重，但仍要与舱体密切贴合，保证密封性。三是舱体的加固采用内部加强的方式，焊接工作量较大，且由于舱内空间有限，焊接环境较为恶劣。

尽管困难重重，但刘兴洲和他的团队还是很快地将大风低压舱摆进了北京实验室。那里便成为他们未来两年工作的主要阵地。他们还特意在实验室的墙上悬挂起“国家利益高于一切”八个大字，以不断地警醒、激励团队。

与此同时，他们还对火炬试验舱气流通道进行了改型设计，以满足火炬头

刘兴洲（前）参加火炬珠峰环境模拟试验

部和底部均有气流吹过的要求。为了更加充分地进行环境考核试验，他们还改造了单位的发动机高空试车台。该试车台以前主要用于导弹发动机研制试验，有丰富的模拟手段。

利用该高空试车台，刘兴洲和他的团队多次模拟出比珠峰还要严酷的天气环境——珠峰温度低至零下 35 摄氏度，高空试车台模拟出零下 40 摄氏度的低温；珠峰大风不断，高空试车台模拟出风速达 30 米 / 秒的狂风；珠峰有 0.3 个标准大气压，高空试车台模拟出了 0.25 个标准大气压。

有了这些模拟验证手段，难怪刘兴洲在奥运火炬登顶珠峰时笑言："珠峰就算再长高几百米，我们的火炬系统依然可以稳定燃烧、正常工作！"

4. 火炬院士　多种方案齐探索

其实，在奥运低海拔地面火炬燃烧系统研制、奥运火炬炬体制造和奥运珠峰火炬系列产品的研制过程中，遇到了一系列技术难题。可以说，研制的道路荆棘丛生。

作为北京奥运会珠峰火炬项目的总设计师，刘兴洲把近乎全部心血都花在了火炬上。组织进行方案讨论、技术研讨，亲临试验现场动手测试，奔赴外协厂家解决出现的问题……也正是在这一过程中，他得到了一个亲切的称号——"火炬院士"。

身边的人已经记不清有多少次与刘兴洲同行，去北京奥组委、国家体育总局、国家登山队训练中心等单位开会、协调问题，又有多少次与他讨论方案、研究问题。他几乎天天处理技术问题，看设计图纸，找设计人员询问工作进度，探究还未解决的问题。

在对设计方案严格把关的同时，刘兴洲对火炬的整体质量也严格要求。按照型号标准，完善设计计算、完善结构设计、完善工艺方法、完善检验方法，精益求精，一丝不苟。

刘兴洲曾不止一次谈到："对待奥运火炬，研发团队要比型号研制还要谨慎，质量控制要比发动机要求还要严格。"

在火炬的整个研制过程中，共进行了近千次试验，主要的试验有：实验室的低压强风试验；实验室的淋雨试验；低海拔地面奥运火炬传递跑动试验、车载试验；奥运珠峰火炬、奥运珠峰火种灯、奥运珠峰引火器在漠河的低温试验；珠峰环境模拟试验等。

这些试验都得依赖于有效的检验手段。尽管刘兴洲等人建立了大风低压实验室，改造了高空试车台，想方设法地进行了地面考核，但还是很难模拟出珠峰真实的环境。在大风低压试验中的火炬处于封闭状态，人是不能接触的。此外，实验室的含氧量不是西藏当地的，温度也不是西藏当地的。这一切，使得进藏试验变得迫切而重要。

他们将进藏试验的核心地点锁定在珠峰大本营。大本营是为了保护珠峰核心区环境而设立的保护地带，海拔 5200 米，与珠峰峰顶的直线距离约 19 千米。2008 年，火炬技术保障团队也将在珠峰大本营进行保驾护航。

为了能在真实的环境中进行模拟，获得更有价值的数据，作为总设计师的刘兴洲决定，让试验队队员们尽快进藏。考虑到气候特征，进入珠峰的时间集中在 5 月或 9 月。如果当年 9 月去不了，就得等次年 5 月。当年要是发现不了问题，就得第二年了。

一想到紧迫的时间节点，刘兴洲就心急如焚。要让试验队队员们把地面火炬、珠峰火炬、圣火台的初样产品都带过去做试验，以尽早暴露问题。原本就很瘦弱的他，愈发显得消瘦。

2006 年 9 月 1 日至 20 日，第一次珠峰大本营试验如期在拉萨、协格尔、珠峰大本营进行奥运珠峰火炬、珠峰火种灯、珠峰引火器和高原圣火台等试验。

如刘兴洲所料，这次试验发现了很多问题，比如：原来打算同时用于地面和珠峰的液体火炬，在低温、低压、高寒、大风条件下燃烧不充分，而且非常容易熄灭；暗火燃烧的碳棒手炉型珠峰火种灯，在测试中显示可靠性较差，自动熄灭、不能续燃、排灰不畅……

这些问题的及时发现，对工程研制进度有着不可取代的特殊意义。长期的工程实践告诉刘兴洲，做科研工作不能有半点马虎和侥幸心理，凡事都得留点缓冲时间。

早在奥运珠峰火炬研发之初，刘兴洲就强调“多方案并举”，不能只走一条路，要学会“条条大路通罗马”。多种方案同时进行探索，成功的方案越多，成功的希望也就越大。

珠峰火炬一共探索了三种方案：液体燃料火炬、固液组合火炬和固体火炬。其中，固体奥运火炬还有两种配方方案。每一个方案背后，都凝聚了刘兴洲及其团队的巨大心血。最终方案不是由少数领导拍板定案，而是利用高空模拟试车台做了充分的试验，靠试验数据和试验结果说话。

这一事实也再次充分说明了刘兴洲的科研态度：不唯上，不唯书，只唯实。无论你是多大的领导、权威，一切结论都要由试验数据做出。

2007 年，为提高液体燃料火炬的抗风性能，保证地面火炬的质量，刘兴洲，这位古稀老人不惧苦累，连春节都没有休息，天天去火炬实验室和大家干满 8 小时，连续加班 20 多天，经常亲自手持燃烧着的火炬在风机前进行测试。

实验室强风试验、淋雨试验，户外跑动和车载试验，他一个不拉地参加。在火炬模拟传递跑动试验中，74 岁的刘兴洲和大家奋战到午夜。在火炬燃烧系统和外壳的匹配过程中，需要解决异形、无规则、不能用数学解析式表示、具有特殊弧度要求的壳体成型技术问题等，他都保持足够耐心，进行反复攻关。

刘兴洲和火炬团队共同努力，经过数百次试验，终于将“纸火相融”的祥云火炬从梦想变成了现实。液体燃料火炬最终成为北京 2008 年奥运会地面手持传递火炬方案，实现了130天、21880名火炬手、15万千米、遍布五大洲20个国家和地区的全球传递，创下了奥运史上火炬传递路线最长、人数最多和熄火率最低的纪录。

至于最终用于珠峰火炬的固体火炬，更是让刘兴洲呕心沥血。在固液组合火炬和固体火炬方案上，他力排众议，选择了便于登山队员操作的固体火炬方案，体现了团队“领头羊”的魄力。此后，为了保证固体火炬燃料研发顺利进行，他又不顾年迈体弱，4次亲赴固体燃料生产厂家，进行技术协调和把关。

在火种灯的研制上，刘兴洲院士同样煞费苦心。为了求证“低温低压环境下，珠峰火种灯到底能不能燃烧”，他亲自跑到动力技术研究所七室的实验室做电冰箱试验。结果证明，在零下40摄氏度的情况下，暖手炉就灭了。发现这个问题后，他让团队想方设法地进行保温，改用玻璃棉做成产品，之后再依据珠峰试验结果不断改进。

固体火炬最终成为北京2008年奥运会珠峰传递火炬方案，实现了海拔

刘兴洲（后排右八）与火炬研发团队成员合影

8844.43米、0.3个标准大气压、零下40摄氏度低温和30米/秒大风等综合环境条件的成功点火并顺利传递，创下了奥运史上火炬传递海拔高度最高的纪录，实现了中国对世界的承诺，让“奥运火、航天心”名副其实。

刘兴洲身体不太好，心脏做过搭桥手术，在承担火炬研制任务的同时，还承担着冲压发动机研制任务。尽管如此，他不顾病体，经常深入基层，亲临生产、试验现场，除了进行技术把关，还亲自设计试验方案，亲自动手做试验，和年轻人一起加班加点，不辞劳苦，极大地鼓舞了士气。

他还经常向奥运火炬研发团队宣传他的理念：搞技术工作就是要不断攻克难关、解决问题，遇到困难、挫折甚至是失败，那是正常的；通过困难和失败，通过实践一步步地提高认识并解决问题，直至成功。这就是他总结的科学研究规律，也成为奥运火炬研发团队的宝贵财富。

5. 地面火炬　熄火之后重燃起

2006年1月，刘兴洲团队领命研制奥运火炬，首先瞄定了液体燃料方案。这也是自1972年德国慕尼黑奥运会以来世界各国火炬普遍选用的燃料方案。

团队最初的设想就是用一种火炬覆盖地面传递和珠峰传递，这样既节省研发时间，又便于状态控制，可谓“一石二鸟”。

这种火炬的特点在于，小预燃室里有一个小火焰，可以引燃外部主燃烧室的扩散火焰。如此，火焰燃烧的稳定性好。该火炬以丙烷作为燃料，从零下 40 摄氏度到零上 40 摄氏度，都可以正常工作。丙烷本身是气体，但为了安全且易于储存，通常被压缩成液体。

此外，为了保证丙烷储罐可靠和稳定工作，刘兴洲团队创新设计了一种可拆卸常闭阀门和一个回热装置，解决了液体火炬工作开闭不便及火炬的燃烧火焰会逐渐变短的技术难题。液体火炬火焰飘逸，影像效果出色。

经过数月的刻苦攻关，2006 年 12 月 16 日，液体燃料火炬顺利通过了北京奥组委专家组织的大风大雨实地测试和综合性能指标测定，专家评审获得通过。

北京奥运会火炬样品验收会在三院翠云山庄召开，由奥组委执行副主席蒋效愚主持，中国科学院院士吴承康任评审组组长。评审组对地面火炬给出了 4 点结论：结构合理，燃料控制阀易于开启和闭合，燃料罐便于安装和拆卸，密封性好；火焰高度、燃烧时间达到了设计要求，火焰稳定性好且形态美观；火

刘兴洲在讲解奥运火炬

炬在设计规定的恶劣天气和自然条件下能保证设计要求，火焰燃烧正常，不熄灭；燃料符合环保要求。专家组一致同意北京奥运会火炬样品通过验收。

至此，中国航天科工集团公司火炬研发部完成了地面火炬燃烧系统的研制工作。紧接着，3支祥云地面火炬样品被上交到了北京奥组委。

让人意想不到的是，2007年1月15日，国际奥组委官员验收时，燃烧的液体火炬却被一位官员用嘴吹灭了！时值春节前夕，液体火炬暴露出了出人意料的缺陷。研制人员在大风大雨等恶劣条件下对火炬进行了充分的考核，却万万没想到能抵挡十级大风的火炬被嘴吹灭了！

这给刘兴洲及其团队带来了很大的震动。八级大风都吹不灭，倾盆大雨都浇不灭，人员跑动都弄不灭，汽车运输都搞不灭，谁能想到，火炬竟会被一口气吹灭。那个春节，火炬研制人员的心头始终笼罩着一层阴影。窗外的鞭炮声不时响起，孩子们的欢笑声此起彼伏，但不把火炬被吹灭的原因搞清楚，谁都无法过好年。

出了问题后，压力最大的当属刘兴洲，毕竟这是交出去的产品，而且是专家组验收后的产品。除此之外，他更多的还是流露出一种自责情绪，说："这个事情不能怨天尤人，实在是意想不到。国际奥组委的专家见多识广、经验丰富。这也说明，口吹熄火恰恰是我们设计中的薄弱环节，得赶紧采取措施予以消除。”

为了保护团队的工作积极性，刘兴洲对这个事件的“定性”还动了一番脑筋。他和任国周琢磨了半天，决定用“熄”字而不是“灭”字。因为他们坚信，这只是暂时的困难，最终的结果一定会成功。

2007 年 2 月 20 日，大年初三，刘兴洲就同研制人员一起到火炬实验室加班，寻找火炬熄灭的原因。他们连续工作 20 天，仔细分析研究双火焰双燃烧室结构特点，提出设计改进方案。

这段时间，每天上午 8 点半，刘兴洲便会准时出现在实验室。大家笑言“赶都赶不走”。不善言辞的他，要么和大家一起研究设计改进方案，要么自己动手做试验进行验证。有的时候，他会独自举着火炬，对着呼啦啦旋转的工业风扇，观察火焰在小风前的表现，其专注的神情让周围人动容。

刘兴洲的脑海里时常浮现出国际奥组委官员吹熄火炬的场景。这要是发生

刘兴洲在讲解奥运火炬技术

在北京奥运会正式的火炬传递现场，那该是多大的事故啊。想到这儿，他不禁倒吸了一口冷气，更加专心地寻找问题根源。

院士为奥运火炬研制倾注了大量时间和精力，在很大程度上鼓舞了火炬团队的士气。最终，经过大家的共同“诊断”，问题被定位在小预燃室保护不足和火炬壳体内腔含氧量偏少。

通过改进设计，火炬的抗风性能得到大大提高，满足了各项技术指标。此间，研发团队让很多人进行了口吹试验，男的、女的、肺活量大的、肺活量小的，直到问题得到圆满解决。

2007 年 3 月，刘兴洲团队再次上交 3 支祥云地面火炬，获得了国际奥组委验收批准。同年 4 月 26 日，北京中华世纪坛，国务委员陈至立、国际奥委会主席罗格、北京 2008 年奥组委主席刘淇，共同向世界展示了祥云地面火炬。

渊源共生、和谐共融的“祥云”，让观者动容、国人沸腾。这一文化概念在中国具有上千年的时间跨度，是具有代表性的中国文化符号。整个火炬上下分割比例均匀，祥云图案和立体浮雕样式使整个火炬高雅华丽、内涵厚重。

由于技术的专业门槛，燃烧系统很少被普通百姓所关注，人们津津乐道的常常是火炬外形、寓意。但火炬研发团队深知自己肩上的责任。如果自己的

刘兴洲院士作为北京市第400棒火炬手参加奥运火炬传递

刘兴洲在传递火炬过程中

刘兴洲作为北京市第400棒火炬手在中国职工之家大饭店签字留念

工作不到位，火炬不能完美燃烧，那么再美的创意都将大打折扣！于是，他们本着高度的责任感和对完美的追求，对火炬燃烧技术进行了持续改进。

2007年7月，火炬团队又解决了批量生产中暴露出来的火炬壳体开孔面积匹配问题，避免了因透气性不足导致的熄火问题，至此，他们圆满完成了北京奥运会祥云地面火炬研制工作，获得了多项专利授权。

2008年8月6日，刘兴洲院士作为北京市第400棒火炬手，带着航天人对祖国的承诺，手持承载着航天人自主设计研发燃烧系统的祥云火炬，稳健地奔跑，尽情地展示。激动的他即兴赋诗一首，以表达心中油然而生的自豪之情——《火炬手，跳动的奥运音符》。

每一位火炬手手擎圣火犹如一只跳动的音符，
不分肤色，不分信仰，不分种族，不分职业，
跳动在宽阔的五洲大道上。
这音符包含着中华百年期盼，
这音符蕴藏着中华60年巨变，
这音符明亮、欢快、优雅、高昂，
这音符谱成了响彻云霄的音乐长卷；
她是北京奥运会的序曲，
她是北京奥运会的欢乐颂歌，
她将拉开北京奥运会的帷幕，点燃主火炬塔，
唱响奥运！唱响北京！唱响中国！

6. 固体火炬　力排众议成优选

在“一石二鸟”的方案之初，研制人员对液体火炬方案登上珠穆朗玛峰抱有很高期望，但2006年9月首次进藏试验，带给大家的首先是失望。

在西藏多个地方，特别是在珠峰脚下海拔5200米的大本营，液体火炬在低温、低压、高寒、大风的条件下，非常容易熄灭。低压之下的火焰燃烧不充分，渐渐变薄，放在日光下根本看不出来，火焰的可见性和可摄性都很差。

大家无法想象，这样的火炬，如果拿去参加奥运圣火传递，并通过电视画面传播到世界，将会产生怎样的影响和后果。这也意味着，中国的珠峰火炬传递方案得另辟蹊径，液体火炬绝对不是上乘之选。

不过，科学事件的奇妙之处往往在于它有意外的发现，就像源于炼丹术的火药，其发明源头却是帝王贵族们长生不老的幻想。

在西藏试验中，懊恼的试验队队员们惊喜地发现，将引火器固体药柱与火炬液体燃料相结合，形成固液燃料组合火炬，其抗风性、可视可摄性都要好很多。

这真是一个意外的发现！一直以来，除奥运会早期使用松油作为燃料，大多数国家的火炬燃料都是液体，固液组合方式具有绝对的开创性。

在后来的工作中，研制者又不断完善设计，努力使固液组合火炬能满足珠峰苛刻的环境条件。他们做到了，但唯一不足的是，登山队员在峰顶必须完成为预热剂加注盐水和打开燃料瓶开关两个规定动作。

这两个动作在地面上并不是多么复杂的操作，但是到了珠峰那么恶劣的环境下，就显得不那么以人为本了。研究表明，珠峰峰顶因为空气含氧量低，如果未吸氧，人的智商大约仅相当于 7 岁儿童的智商。这让作为总设计师的刘兴洲在方案选用上也出现了迟疑。

经过一番思考，刘兴洲明确表态："固液组合火炬优点很多，技术先进，但是结构比较复杂。我们应尽力减少登山队员在峰顶的操作步骤。珠峰火炬的操作要尽量简单，同时还要确保安全可靠。"

他根据首次进藏试验的引火器在珠峰大本营的良好表现和参试人员的启发，果断提出："是否可以直接利用引火器的固体燃剂制成固体火炬？”

固体火炬跟固液火炬的差别在哪儿？主要在于固液火炬在点火之前多了注水和开阀门两个动作，而固体火炬不需要做这两个动作，引火器从火种灯取出后可直接点燃。但固液组合亦有它的好处，不仅是史无前例的，从技术上来讲是世界领先，而且火焰形态还比较饱满。

于是，团队里出现了不同声音。有专家仍然坚持用固液组合火炬，但刘兴洲的出发点就是简单、可靠。简单、可靠通常是一对矛盾体，但对于珠峰火炬来说，就是要做到鱼和熊掌兼得。简单、不可靠不行，复杂、可靠也不行。固体火炬恰好可以实现二者的结合。

在争议之下，中国航天科工集团公司只好组织投票，这集中体现了科研民主，让少数服从多数。民主，也是刘兴洲身上的一个优点。他主持召开的各类技术问题研讨会，首先是让大家充分地发表意见，包括那些刚参加工作的年轻人。他坚信，各种不同意见都可能对设计思路有所启迪。然后，他再全面系统地融汇各方面的意见，靠数据和试验结果进行拍板。

当然，需要补充的是，这次民主投票并不是一个科研鉴定性质的投票，而是一个用户体验性质的投票。最终，固体火炬以得票较多的优势胜出。刘兴洲该断则断，体现了魄力。就这样，固体火炬诞生了，并最终成为北京奥运会珠峰火炬。但是，它的研制工作也曾遭遇波折，并且一度动摇过研制团队的信心。

2007 年 1 月 12 日至 30 日，正值北方一年之中最冷的冬季，这对火炬低温外场试验却是一个绝好的时机。

经过刘兴洲等人的精密策划，由中国航天科工集团公司动力技术研究所、海鹰集团公司、中国航天科技集团公司襄樊航天化学动力总公司和中国兵器工业集团西安北方惠安化学工业有限公司等单位组成的试验队，去往黑龙江省漠河县西林吉镇进行奥运珠峰火炬低温低压试验。

此次试验的重要目标就是考核固体火炬的低温性能。然而，在试验过程中，固体火炬却发生了意外的速燃事件——固体药柱带火窜出火炬壳体，落在试验区墙外。据现场试验队队员们描述，深夜做试验时，忽然发出比鞭炮声还响的一声巨响，惊得当地宾馆的工作人员都出来查问怎么回事。

电话迅速打到了刘兴洲那里。一听说药柱窜出，刘兴洲心里“咯噔”一下，开口第一句话就问：“伤人了没有？”当得知参试人员平安无事时，他松了一口气。根据经验，他断定是固体药柱配方还存在问题，准备和外协厂家进行沟通。

固体火炬速燃事件，让部分参试人员对固体火炬下一步研制产生迷茫，几乎到了“要不要继续搞”的抉择关头。

于是，刘兴洲请来有多年固体药柱配方经验的朱家元，加盟固体奥运火炬研发团队。经过艰苦的分析研究，大家发现不是固体药柱配方问题，而是压药不均匀所致。通过采用特殊的压药工艺，问题得到了解决。

事后，刘兴洲在总结会上鼓励大家：“我们干航天要有一个信念，成功了要总结成功的经验，失败了要找到失败的原因。能够吸取教训的人，才能够重新站起来。”

这段时间，刘兴洲的心头始终萦绕着两个烦人的问题——“地面火炬被吹熄”和“固体药柱速燃”，但他没有表现出情绪上的慌乱，反而镇定自若地寻找途径解决问题。这也是他受到周围人敬佩的一个重要品质。

漠河试验在珠峰火炬研制过程中是一次十分重要的试验，获得了大量重要的试验数据，大大促进了珠峰火炬产品研制进程，同时，它又是一个重要的转折点，使珠峰火炬固体装药研制迈出了新的一大步。

离北京奥运会召开的日子一天天临近了。2007 年 5 月，奥运火炬珠峰登顶测试在即。

3 月 19 日上午，中国航天科工集团公司火炬研发部组织了“北京奥运会珠峰手持火炬燃烧系统登顶测试前现场测试试验”。试验在动力技术研究所的北京奥运会火炬研发部综合环境实验室（CS-02 试验台）内进行。试验台模拟了珠峰 0.3 个标准大气压、零下 40 摄氏度和每秒 30 米大风等综合环境条件，验证了固液组合火炬、固体火炬方案的可行性。通过评审，专家们确定固体火炬作为第　方案、固液组合火炬作为第二方案，参加 5 月的珠峰测试。

3 月 25 日至 5 月 25 日，中国航天科工集团公司奥运火炬研发部与国家体育总局、西藏自治区政府、北京奥组委、中央电视台、中国登山协会、中国气象局、中国移动通信公司等单位一同进行了奥运火炬珠峰登顶测试，历时两个月。

5 月 9 日，登山队员实现了登顶，顺利点燃了固体火炬。15 支固体火炬分别在五个营地（6500 米，7208 米，7790 米，8300 米，8500 米）点燃，都表现出了良好的可靠性，火焰高度大于 25 厘米，燃烧时间 6 分钟，达到了研制技术要求。稍显不足的是，固体火炬的火焰偏瘦、太硬，看上去并不飘逸、美观，而且烟还比较大。

同时作为第二方案的固液组合火炬，也参加了珠峰试验。

通过比较，登山队员也觉得固体火炬方案操作简单，但还是要对火焰的形

刘兴洲展示奥运火炬

刘兴洲（前排左五）等迎接珠峰火炬试验队队员凯旋

态继续攻关，达到可视可摄的良好效果。北京奥组委领导指出了火焰形态瘦长偏硬的不足，又建议将火炬燃烧时间延长到 8 分钟，还要求减少出烟的程度。这些，只能靠对固体药柱配方优化来实现。

刘兴洲赶紧让研制人员联合协作厂家，进行配方改进，光配方就搞了112个。这112个五颜六色的配方，摆在大家面前，让人眼花缭乱，何况还要逐一比较燃烧情况，进行筛选。一做起试验来，经常是一连几个昼夜。

通过现场实际观察火焰颜色和拍照、录像等多种方式，刘兴洲等人对火炬的火焰形态、色泽和成烟情况进行记录和分析研究，解决了珠峰环境下固体火炬稳定燃烧问题，研制出了低温度系数、低压力系数的固体装药，实现了固体火炬燃烧时间达到8分钟，火焰少烟，色彩鲜艳，飘逸有动感，可视可摄性好，为珠峰火炬的成功传递奠定了基础。

7. 珠峰火种　如何保存有妙招

一个柱形密闭圆筒，有小型暖水瓶大小，这就是珠峰火种灯的“外套”。“外套”上下各有两个三角形扣环，可以穿上带子，让登山队员背着。打开“外套”顶盖，拎着一个金属圆环拉出来，珠峰火种灯才现出真身。

它同样是一个圆柱体，体积与普通火种灯相当，但并没有普通灯那种可以看见内部火苗的玻璃小窗，而是通体包裹着银色金属外壳，表面刻满了红色云纹，中间镶嵌着红色的北京奥运会徽图案。在阳光映照下，珠峰火种灯灯体光彩夺目。

火种在珠峰火种灯内不是明火燃烧，而是借助一种特殊的固体碳柱燃料缓慢燃烧。这种燃料的样子很像一节 1 号干电池，矮墩墩的圆柱形，灰黑色，有蜡一般的质地。旋开珠峰火种灯的顶盖，可以把碳柱投进去。登山队员每 8 小时添加一次燃料，其他时间，随便把灯放在什么地方，哪怕是零下几十摄氏度的露天里，火种都不会熄灭。

珠峰火种灯发挥关键作用的地方是距峰顶 30 米处。在那里，登山队员将旋开珠峰火种灯的底盖，用一只引火器从小孔中引出火来，把火炬点燃，再由不同的队员用接力的方式把火炬举上峰顶。

刘兴洲及其团队最终呈现给世人的珠峰火种灯，是当初被视为整个火炬系统中研制难度最大的项目。

火炬接力火种灯与矿灯原理相同，用来保存奥林匹克圣火火种，主要用于火种迎接、圣火点燃、圣火展示等活动。为了保证圣火的尊严和火炬接力的纯洁性，国际奥委会要求，火炬接力运行期间要保持圣火持续燃烧，一旦火炬熄灭，必须用保存在火种灯里的圣火火种引燃火炬，以确保奥运会开幕式上主火炬是由来自奥林匹亚的圣火点燃。

早在北京奥组委委托书到达中国航天科工集团公司之前，专家们就充分估计了珠峰火种灯的难度。别的国家的火炬传递，最高海拔都不超过 3000 米。而我国的珠峰火炬除了要上更高的海拔，还要多天保持火种不灭，难度相当之高。

携带火种灯向海拔 8844.43 米的峰顶攀登，从海拔 6500 米的前进营地出发，需要经历五大营地，海拔高度落差大，大气压力变化剧烈，最顺也要五天五夜，人和火种灯夜宿帐篷。在如此长的时间和恶劣环境下携带和保存火种，尤其是在空间有限的营地保存火种过夜，维持稳定燃烧，是人类从未尝试过的重大技术难题。

因此，与火炬研制不同，珠峰火种灯必须从头干起，没有成熟的路可走，更没有可以借鉴的先例。受命于危难之时的刘兴洲，也不得不面对这一课题，唯一可以依靠的是团队的智慧。

火炬研发人员最初借鉴历届奥运会保存火种应用矿灯的成功做法，研制了以航空煤油为燃料的火种灯。但通过试验发现，这种煤油型火种灯（即后来的高原火种灯）只能可靠工作到海拔 6500 米的前进营地，却难以胜任 6500 米以上更严酷的低温、低压、大风环境。

几经周折，受农村老太太冬天用的手炉启发，研发人员研制成了暗火燃烧的碳棒手炉型珠峰火种灯。但此种火种灯在 2006 年 9 月珠峰测试中表现出可靠性较差，自动熄灭、不能续燃、排灰不畅。珠峰火种灯的研发，此刻已历时数月，如此艰难曲折，令研发人员对珠峰火种灯的研究工作几乎产生了动摇，一度陷入茫然和无助。

刘兴洲和任国周天天都在思考珠峰火种灯的研发问题。一个偶然的机会，在街头转悠的任国周看到卖早点的烧饼煤炉，其燃料是一块一块摞上去的蜂窝煤（用无烟煤制成的蜂窝状的圆柱体），燃烧后排灰顺畅！他顿时眼睛一亮，回去就将碳棒直立起来，做了一个单桶碳棒加热器，排灰不畅的问题立即得到了解决！但是，低压燃烧问题还是没有克服。于是，他又跑去观察，回来后，将几支碳棒捆扎起来，做了一个小蜂窝煤炉，在低压舱里做试验，取得了持续燃烧 1.5 个小时的成功！

这样，一种固体燃料燃面倒置底部暗火燃烧、侧面开孔进风、灰烬自动坠落、底部端面取火的珠峰火种灯雏形，就被设计出来了。此时已是 2006 年 10 月底。刘兴洲及其团队大受鼓舞，看到了珠峰火种灯的研发希望。

在 2007 年 1 月的漠河试验中，珠峰火种灯表现良好，取得了在零下 25 摄氏度、0.3 个标准大气压的环境条件下，连续稳定工作 14 小时的可喜成绩，呈现出初步攻克世界难题的端倪。

同年 3 月，研发人员对珠峰火种灯三个试验模型和碳柱配方进行改进，研制出了珠峰火种灯复合固体燃料，使珠峰火种灯主要性能指标均达到研制技术要求。

至此，他们不仅全面解决了火种灯自行熄灭的关键技术问题，而且合格率实现了从不足百分之十到百分之百的重大转变，取得了连续试验 1000 多小时都没出现熄灭现象的好成绩。珠峰火种灯的燃速为每分钟 0.04 毫米，如此缓慢的燃速令同行都感到惊讶。

在 2007 年 4 月至 5 月的珠峰登顶测试试验中，珠峰火种灯顺利通过了实际环境试验考核。值得一提的是，在珠峰大本营，珠峰火种灯甚至被大雪深埋了三分之二，经过一夜，仍没有熄灭，这让刘兴洲团队欣慰不已。

在珠峰火种灯攻关的日子里，曾有这样一段小插曲。某天，浙江某民营公司老板突然告知研制人员说，给航天人干活难度大、数量少、风险高、效益低，不想合作了。

面对如此严峻的形势，刘兴洲淡定地对派去出差的研制人员说：“我们航天人没有歪门邪道，我们只有为祖国无私奉献的航天精神。你们要强调这是科技奥运工程的重要项目，希望他们以国为重，为北京奥运会贡献出一份力量。”

几天后，感人的一幕出现了。听了出差人员的转述，那个老板说了这么一句话：“你们这些人真的是为了国家不顾一切，无私奉献。为了奥运会，我把燃料配方无偿拿给你们做研究，祝你们成功！”

很快，双方合作继续进行。经过对燃料配方的反复调试，他们获得了珠峰火种灯复合固体材料的最佳配方和最佳成型工艺，产品质量稳定可靠，并最终获得了珠峰火种灯装置和复合固体燃料两项国家发明专利。

功夫不负有心人。2007 年 5 月的进藏测试，火种灯在五个营地五个昼夜 100 多次试验中全部成功，又在北京进行了三级公路 100 千米汽车运输试验，

刘兴洲和珠峰火种灯

通过了奥组委专家实地评审的模拟珠峰环境测试。

在严酷的大自然面前，航天人的高科技产品无一败绩。刘兴洲风趣地说："珠峰再长高几百米，我们的珠峰火炬系统依然可以稳定燃烧，正常工作！"

后来，研发人员又采用航天材料和技术，解决了火种灯保温隔热问题，使产品更加人性化。

总结起来，刘兴洲及其团队设计的火种灯方案主要包括平原火种灯、高原火灯种和珠峰火种灯。奥运圣火从平原地区登上珠峰的过程本身就是一个接力过程，但是比平原上的火炬接力有着更高的科技含量——先要用平原火种灯引燃高原火种灯，再由登山队员把高原火种灯带到6500米营地，在那里引燃珠峰火种灯，到距峰顶30米时引燃火炬并登顶。

在火炬传递史上，这是前所未有的创举。美妙设想在航天人的手中化为了现实！

除了高度关注产品本身外，刘兴洲还常说，一个产品研制成功了，如果使用者不会操作，也会造成失败，所以要加强对登山队员的培训。总设计师不仅关注产品的研发，还关注产品使用者培训，这是一种多么难能可贵的品质。

在这种理念下，2007年11月2日，12月6日、7日，中国航天科工集团公司火炬研发部赴国家登山管理中心怀柔训练基地，对2008年珠峰火炬传递集训队员进行了两轮高原火种灯、珠峰火种灯和珠峰火炬的使用培训。通过现场培训，集训登山队员对珠峰火炬系统有了较为全面的了解，熟练掌握了高原火种灯、珠峰火种灯、引火器和珠峰火炬的操作要领，为2008年珠峰火炬传递奠定了坚实的基础。

8. 纸火相融　登上世界第三极

2008年3月18日，北京市丰台区云岗——承担珠峰火炬研制任务的航天三院所在地，中国航天科工集团公司隆重举行奥运珠峰火炬技术保障团队赴藏出征仪式。

中国航天科工集团公司领导、三院领导、科技奥运项目副总指挥和珠峰火炬燃烧系统总设计师刘兴洲一起，在以珠峰和火炬为背景的巨幅画面前，为高原火种灯、珠峰火种灯、高原圣火台、珠峰火炬正式揭幕。

2008年3月，刘兴洲（前排左二）等参加奥运火炬赴藏出征仪式

在热烈的掌声中，身着橘红色登山服的11名保障队队员整齐地站成一排，庄严地接受集团公司十余万航天人的重托。这11名保障队队员分别来自三院动力技术研究所、海鹰集团、后勤集团和中国航天报社。

望着整装待发的11名保障队队员，刘兴洲感到了大考正在逼近，自信之余也不免有些压力。在全世界面前，火炬研制工作究竟会以怎样的成果见诸世人?

技术保障团队在珠峰大本营待了近2个月时间。这段时间，刘兴洲人在北京，心系前方，经常主动询问前方的工作情况。

2008年5月8日上午，火炬登顶的那天，大家聚集到动力技术研究所办公楼多功能厅，观看奥运珠峰火炬传递电视实况转播。

上午9点17分，北京奥运火炬接力珠峰传递登山队顺利登顶珠穆朗玛峰，在珠峰峰顶8844.43米处点燃火炬。这是奥运历史上海拔最高的火炬传递。

登山队员罗布占堆用引火器从珠峰火种灯中取出火种，点燃了第一棒火炬手吉吉手中的祥云珠峰火炬，火炬登顶成功了。后经吉吉、王勇峰、尼玛次仁、黄春贵、次仁旺姆5名火炬手的珠峰火炬传递，登山队员通过电视镜头向全世界展示了中国国旗、国际奥委会五环旗和北京奥运会会旗。

掌声！掌声！这一刻，多功能厅里响起了长久的掌声。这一刻，承载着亿万国人梦想的火炬在世界之巅点燃；这一刻，登山队员用嘶哑的声音向世界宣告，我们成功了！祝愿北京奥运会成功！北京欢迎您！这一刻，他们在流泪，珠峰大本营的参试人员在流泪。

这一刻，75 岁的刘兴洲院士也禁不住潸然泪下。火炬颜色嫣红美丽，形态饱满，有风吹来时还很飘逸。登山队员们动作十分规范，很好地完成了任务。同行专家都认为不可思议的珠峰火炬燃烧，他们通过努力达到了。还有比这更完美的吗？！

一时间，刘兴洲收到了很多领导和同事发来的祝贺短信。他也在第一时间向珠峰大本营的火炬技术保障团队，发去了祝贺短信。

刘兴洲的内心情感十分丰富，但他很少外露。那次，他激动地对身边人说："这是奥运火炬第一次登上这个新高度。这个高度不是一般的山峰，那是珠穆朗玛峰，是 8844.43 米，相当于波音 737 飞行的高度，是距离天最近的地方，几乎就是在天上了。而我们能在这么高的地方点燃圣火，充分体现了奥林匹克的更快、更高、更强的宗旨。"

多功能厅现场响起了经久不息的掌声。只有为火炬付出巨大心血的人，才能体会到那一瞬间无法言传的自豪。不过，在这么大的喜事面前，他们没有摆庆功宴。对他们而言，珠峰火炬在世界之巅的点燃，就是最好的褒扬！

2009 年 5 月 8 日，圣火火炬照耀珠峰一周年纪念日。刘兴洲将好友任国周叫到了办公室，赠给他一首《珠峰火炬颂》长诗。他们谈天说地，共同回忆团结合作、奋战珠峰火炬的日日夜夜。

刘兴洲说："在火炬设计团队中，如果没有你的参加，也许会走弯路，是否能够按时完成任务，当时我心有疑虑。好在我们团结奋斗，克服了各种困难，按时圆满地完成了任务，中国航天科工集团公司的领导和北京奥组委的领导都非常满意。这一首长诗就当作我们团结战斗的纪念吧。”

朴实的话语，没有过多的渲染，却让任国周眼眶湿润了，不知道该说什么好。后来，任国周在文章中写道——“他（刘兴洲）的心胸是那么宽广，意志是那么坚强，人是那么睿智和慈祥，那么注重友情。”

“普罗火种献人间，奥运圣火代代传。今朝圣女捧圣火，远渡重洋神州燃。圣女欲谒藏女神，珠穆姊妹喜开怀。但虑顶峰气压低，又忧寒风扫雪山。何以圣火报平安，何以圣火顶峰燃。

“航天科工出奇兵，为国争光冲在前。首攻珠峰火炬关，又克火种保存难。开赴藏营去实践，又临漠河战严寒。珠峰请进实验室，优中选优定方案。航天心献奥运火，国际承诺挑在肩。

“珠峰火炬疑难多，低压燃烧是关键。百余配方精筛选，严格把住质量关。火焰饱满色彩艳，二秒速燃毫米间。任凭低压寒风烈，火凤飘逸迎风展。高举火炬映全球，圣火一览众山小。

“壮士登峰需数天，携带火种是难关。巧妙构思出奇招，火种灯里暗火燃。保温隔热保安全，五分速燃毫米间。圣火乔迁火种灯，千沟万壑只等闲。扶摇直上八千八，圣火平安抵天端。

“壮士攀登不畏难，圣火火炬上峰巅。祥云托起

刘兴洲在珠峰火炬点燃成功纪念照片上签名

火凤凰，五星五环飘青天。火凤飞舞照完善，屋脊今日变新颜。珠峰古今出奇观，和平友谊撒寰宇。庄严许诺今实现，奥运史上与新篇。”

奥运火炬首次在世界屋脊成功点燃，登山队员们高擎火炬，簇拥着中国国旗、奥运会五环旗和北京奥运会会旗，留下了一张珍贵的照片并签名。当拿到这张照片时，中国航天科工集团公司科技奥运工程领导小组组长薛利发现上面还没有总设计师刘兴洲的名字，便让秘书前往刘兴洲家中请他签名并捎去问候。

那时，刘兴洲已因病做了手术，在家休养。他手捧着珠峰登顶全体队员的签名照片，久久凝视，一遍遍地爱抚，喜悦之情溢于言表。然后，他紧紧握住签字笔，颤抖着写下“刘兴洲”三个字。没想到，这竟是他留下的最后公开签名。

薛利追忆起奥运火炬研制的日子时心生感慨，“始于志，勤于学，善于悟，勇于行，寓于群，成于恒”，是刘兴洲一生的感悟，也是对自己人生的总结，是践行航天精神的写照。刘兴洲爱国敬业、创新攻关、睿智渊博、民主融合，是航天人的楷模，是我们永远学习的榜样。

9. 硕果累累　火炬项目孵成果

奥运火炬的成功研制，在社会上掀起轩然大波，中国航天科工集团公司也因此得到了较高的美誉。

对于项目研制团队来说，能够参与到这一国之盛事中并取得完美结果固然可喜，但更重要的是，能将这些成果通过知识产权固化下来，进而产生一定的社会效益和经济效益。

在两年零三个月的项目研制过程中，刘兴洲团队都得到了科技部“珠穆朗

在火炬技术专利证书颁发仪式上，刘兴洲（前排左三）向与会领导介绍燃烧系统结构

玛峰环境下奥运火炬传递技术研究”课题的支持。在奥运火炬成功之际，团队获得了包括珠峰火炬、火种灯以及地面火炬燃烧系统在内的 4 项国家发明专利和 6 项实用新型专利的授权，有力地保护了我国的科技成果。

由于北京奥运会火炬研制是一项关系国家利益的重要任务，也是一项保密性很强的任务，在奥运会召开之前不便于进行成果申报工作，所以，直到 2008 年 8 月北京奥运会成功落下帷幕，动力技术研究所才开始对火炬研发项目进行成果申报。

10 月 9 日，中国航天科工集团公司在北京组织召开了“北京 2008 年奥运会珠峰火炬系统研制”成果鉴定会。朱森元院士、于本水院士、李椿萱院士、黄瑞松院士等十位专家组成了鉴定委员会，形成了以下鉴定意见。

（1）在有限结构空间下，突破了低压、低温、强风、长时间、可靠缓慢燃烧技术，解决了珠峰极端恶劣环境下的火炬燃烧问题。

（2）成功研制了一种双氧化剂、双燃烧剂的特殊固体火炬燃料。该燃料具有高成气量、低临界工作压力、低燃速，同时能保持火焰形态和可视性好等特点，成功用于珠峰环境条件下的固体火炬缓慢稳定燃烧。

（3）突破了大海拔跨度条件下，火种长时间保存与传递技术，解决了珠峰火炬传递过程中的奥运圣火火种保存与传递问题。

（4）创新研制了一种超低燃烧、无污染、少灰无渣的复合固体燃料，成功用于小体积、轻质量、低壁温、高可靠要求的珠峰火种灯。

（5）发展了抗风雨能力强、使用环境范围宽广的地面火炬燃烧系统设计技术。创新设计了“双火焰”燃烧器、多功能稳压装置和小型耐高压一体化燃料瓶阀，解决了燃烧系统与异形薄壁式火炬壳体的匹配问题，成功应用于北京奥运会地面手持火炬的传递。

鉴定委员会认为，“北京2008年奥运会珠峰火炬系统研制”技术先进，创新性强，具有自主知识产权。珠峰火炬系统在北京奥运会火炬传递中获得成功应用，实现了中国对国际社会的庄严承诺，成为北京奥运会的一大亮点，在国际上产生了巨大影响和社会效益，具有良好的应用前景。总体上达到国际先进水平，其中珠峰火炬技术和珠峰火种灯技术属世界独创，居世界领先水平。

鉴定委员会还认为，该项目具有较为广阔的市场前景，奥运手持火炬是奥运会的重要组成部分，需求量较大；国内外每年都会举办各种运动会，市场潜力很大；奥运珠峰火炬技术先进，可以覆盖所有高山攀登活动所需要的燃烧技术，可以应用到高山采暖、高效民用加热采暖和为体育与登山运动提供新型的燃烧器具，同时可为特殊应用提供满足要求的特种火炬。

2009年12月25日，该项目获得了北京市科学技术奖二等奖，后又于2010年被推荐参评国家科学技术进步奖。其中，刘兴洲院士作为第一候选人郑重签名：本人对8个创新点做出了创造性贡献，对该项技术研发投入了70%工作量。2006年1月20日至2008年8月8日期间，担任北京奥运会珠峰燃烧技术研究与攻关项目总设计师，负责全面技术抓总，提出了多方案并举、一切通过试验、严把质量关的指导思想；提出研究固体火炬，在固体火炬发生爆炸的情况下，决策分清原因，继续研制；珠峰测试试验后，继续改进，使珠峰火炬得到完美展示；提出了珠峰火种灯参考手炉暗火燃烧的想法；直接参与了地面火炬的研制；提出并组织了发动机高空试验台改造，真实模拟了珠峰环境，确保珠峰火炬传递的成功。

在刘兴洲的候选人签名页后面，是整个团队核心成员的签名页。他们两年多的刻苦攻关，最终化作了国人宝贵的知识财富，在科技创新史上留名并熠熠生辉。

不过，在刘兴洲的内心里，始终还留有一丝遗憾：作为研发机构，中国航天科工集团公司共向奥组委交付了 3 支地面火炬、3 支珠峰火炬，可却与北京奥组委 25000 支火炬的批量生产任务失之交臂。否则，既能提升单位的影响力，也能对单位形成一定的经济贡献率，有效化解先前担心的政治压力和经济压力。

2010 年 5 月 3 日，年事已高的刘兴洲飞往三亚，参加三亚市人民政府 5 月 4 日主办的“传递永远”——北京奥运会火炬三亚首传两周年纪念日活动。他神采飞扬地重走了 2008 年奥运火炬传递之路，还在“奥林匹克火炬手林”里亲手种下了一棵名为“刘兴洲”的小树苗。

当晚，在天涯海角沙滩广场，作为北京奥运会火炬研发团队的代表，刘兴洲畅谈了火炬研发鲜为人知的故事。他从火炬研制、团队精神、国家责任和贡献谈起，介绍了火炬研发的 800 多个日日夜夜，为了火焰防风防雨抗低压，为了火苗颜色亮丽又丰满，研发人员如何精益求精、攻克难关，言语中透着航天人那种执着、信念和精神。

讲到动情处，刘兴洲说：“我喜欢椰风海韵的美丽三亚，我的一生能与奥运结缘，我感到很欣慰。我可以感受到，航天精神、‘两弹一星’精神和‘特别能吃苦、特别能战斗、特别能攻关、特别能奉献’的载人航天精神，与奥林匹克‘更快、更高、更强’的宗旨是相通的。几者融入心中，特别有震撼力。”

刘兴洲

刘兴洲院士传记

Academician Liu Xingzhou's Biography

第八章

德高品馨

刘兴洲在行业内有着极高的威望。和他一起工作的领导、同事，普遍赞叹刘院士的儒雅风范和德高品馨。他的谦谦君子风范，一如中国传统的文人士大夫。

1. 赤子情怀 心系家国不苟活

“一个人活在世上总要有点贡献，要为国家做些事情。人的能力有大小，但都要尽自己的努力去做，才不会虚度一生……”朴素的话语一如他朴实的为人。当被问及如何在70多岁还能保持良好的工作状态时，刘兴洲说：“我想，对事业的追求是在于对人民的奉献，所以感到自己能够为国家、为人民做点事，是非常愉快的。我也很高兴能够用自己的力量继续为国家作贡献。”

从4岁多目睹日本飞机轰炸家乡，到进入高等院校学习航空专业知识，他立下了造飞机保卫国家的远大志向；从大学毕业后被分配到国防部五院工作，到顶住苏联专家撤走以及“文革”冲击的压力，他研制出了我国第一台冲压发动机；从花甲之年担任涡扇发动机研制的重任，为我国新型飞航导弹研制成功奠定基础，到步入“863计划”殿堂不断建言献策，他推动国家实现了又一个强大的“飞天梦”；从古稀之年接到北京奥运会火炬燃烧系统的研制任务，到奥运史上最美的火炬登上世界第三极，他实现了华夏儿女的百年期盼。

崇高的事业源于伟大的理想，伟大的理想源于不竭的动力，而刘兴洲的不竭动力来源于他对发动机事业的热爱，以及服务国家和人民的赤子情怀。

因为秉承这样的信念，刘兴洲在行业内有着极高的威望。提起“刘兴洲”这个名字，和他一起工作的领导、同事，无论老的少的，都会不约而同地竖起大拇指，人们普遍赞叹刘院士的儒雅风范和德高品馨。

刘兴洲一生都在三院动力技术研究所工作。作为学科带头人，他从来不摆架子，始终保持着家国为重的本色，在冲压发动机、涡扇发动机领域为我国的飞航动力立下了赫赫功劳。每当遇到其他单位的人来找时，他不是出现在试车台旁，就是出现在实验室里。这绝非是巧合。多年来，他始终没有脱离发动机科研生产第一线，始终扎根于发动机动力技术研究的沃土里，始终跟广大科技工作者生活在一起、工作在一起、成长在一起。

在研制发动机的岁月里，刘兴洲经历了风风雨雨，既遭遇过技术难题，也碰到过人事纷争。在灰暗的日子里，他用实际行动展现了自己的定力。“文革”对科研事业造成冲击时，他想方设法地进行百余次地面试验，解决了一系列重大技术问题。在“五七干校”从事繁重体力劳动之余，他坚持每晚就着昏暗灯光绘制图形，进行各种演算。尽管呕心沥血研制的发动机最终没有被工程化，但他从未对看准的技术方向产生动摇。这种坚持，超越了个体的狭隘。

1995年，刘兴洲当选为中国工程院院士时才62岁，且是三院第一位院士。这个科研技术人员眼中的至高荣誉，从未让他得意忘形。一向低调的他，保持一颗平常心，继续一如既往地勤奋工作。

发动机是飞航导弹的心脏，与总体关系密切，需要协调的问题也很多，刘兴洲经常参与其中。由于飞航导弹的特点，总体对各分系统的要求都很高，实现起来难度很大，协调过程中难免会有不同意见，有时甚至会发生激烈的争论，但大家从来没有见过刘兴洲发脾气，他也从未板起面孔来教训人，他总是以学者的耐心和长者的宽容，从科学的角度进行认真的探讨，令现场的每一个人折服。

对于自己不清楚的问题，刘兴洲总能够虚心地向人请教。在技术讨论时，他能够和晚辈平心静气；在试验台上，他能够对工人师傅们虚怀若谷。即使是在自身熟知的领域，他也从不说过头话。谦谦君子风范，一如中国传统的文人士大夫。

虽然对院士的光环非常淡漠，但刘兴洲深深地铭记着“院士”头衔所赋予的责任，要求自己以更加战略的眼光考量国家的技术发展方向。为了中国航天的未来，他在动力技术及创新发展上殚精竭虑。当世界高超声速技术陷入低迷时，他依然在不断地奔走呼号，令很多人唏嘘不已。

2000年2月的一天，一直认为自己体格健壮的刘兴洲在上班时，突然感到心慌气闷，到医院检查之后，才知道自己得了心肌梗死。一辈子很少吃药打针的他，做了生平一次大手术——心脏搭桥，那时他已年近古稀。有人劝他，年纪大了身体重要，可以半天上班半天休息，不想去了就别去。可他仍像年轻时一样，每天风雨无阻地上班，从事他挚爱了一生的发动机研究。

2. 人文关怀 科技需有人本心

熟悉刘兴洲院士的人都说，他不仅在科研上做出了成就，其他方面也都几近完美。他总是竭尽所能去照顾身边的每一个人，家人、同学、同事。虽是一名工程技术人员，但刘兴洲的骨子里充满了人文关怀，最典型的事件莫过于奥运火炬研制。

火炬试验队队员牛余涛是个看上去有些文弱的男青年。在北京的抗风试验中，他无数次地举着火炬进入实验室，其吃苦精神还演绎了一段“铁板牛柳”的佳话。但是，2006 年 9 月第一次进藏时，他在珠峰大本营产生了严重的高原反应，上吐下泻，根本无法开展工作。第二天，他便获准离开了珠峰大本营。

大任务当前，却能这么快地撤离，原因就是有刘兴洲院士的“叮嘱”。在技术保障团队出发前，刘兴洲就向领队的副总设计师邵文清嘱托：“如果有同志有明显的高原反应，不要坚持，要让他尽快休息。不需请示。”院士的话给这支队伍吃了定心丸，扫除了大家不少的思想负担。

火炬研制团队主要是由年轻人组成。在长达两年多的攻关时间里，有 5 位试验队队员先后当了爸爸。由于他们从事的是奥运火炬研制工作，大家都亲切地将他们的孩子称为“五福娃”。每个“福娃”的出生，刘兴洲都要给予亲切的问候，并询问家中是否有人需要照顾，帮助出主意、想办法，解决困难，充分体现了一位长者对晚辈的关心和爱护。

生活中，刘兴洲是一位十分细致的人。他作为奥运火炬研发团队的代表参加北京2008年第29届奥运会开幕式时，还不顾天气炎热和劳累，在鸟巢、水立方等现场给年轻的研发人员寄去具有纪念意义的明信片。

这种对身边人的点滴关心，渗透在日常生活工作中，犹如和风细雨，润物无声，让每一个与他接触的人都感到温暖。

珠峰火种灯，最后确定使用的燃料是固体复合燃料。刘兴洲曾嘱咐相关人员，一定要让权威机构对这个燃烧的成分进行测量，看对人体有没有伤害。最后试验队队员们找了国家最权威的环境评估中心，按照国际标准评定，确定对人体无伤害。刘兴洲院士仍然提出，他要亲自闻一闻。

每次关键试验做完后，试验队队员们都要给刘兴洲打电话报告情况。试验一般都结束在前半夜或者第二天清晨，无论多晚，刘兴洲都要过来看看，来后的第一件事情就是站到低压舱里闻闻味道。

刘兴洲这么做，考虑的不仅仅是试验队队员，还有登山队员。他心想，我们要办的是一届“科技奥运、人文奥运”，那么则需要从细微处真切地体现科技含量和人文关怀，而不是光把产品交付了事。针对“人灯共宿”“人灯不共宿”和“人灯共车”几种情境，他提出了一系列问题——

登山队员过夜时和火种灯同处帐篷里时，在高度缺氧、十分严寒的环境下，会不会产生一些问题？登山队员的体力高度透支，一旁的火种灯对他们的身体有没有危害？味道有没有刺激？会不会引起眩晕？在零下 40 摄氏度的严寒下，如果将火种灯放在帐篷外，能不能几天几夜不熄灭？如果帐篷外刮起了大风，下起了大雪，火种灯能不能保持不熄灭？平原火种灯在传递过程中，免不了要被放在车上。在封闭的车厢内，燃烧产生的气体对乘客有没有危害？

按照刘兴洲院士的要求，试验队队员把火种灯带到 7 人座的依维柯车上，做了 100 千米的土路实验，考验了颠簸环境下火种灯对乘客的影响，确保了“人灯共车”没问题。他们又分别把火种灯放在珠峰大本营的帐篷内过夜，埋在大雪中放在帐篷外过夜，确保“人灯共宿”“人灯不共宿”均无问题。

科技以人为本，细节彰显关怀。为了保证登山队员不被手中的火种灯烫伤，刘兴洲和他的团队还把冲压发动机的一种新型复合固体绝热材料用到了火炬上。这种材料其实就是一种无机盐，效果却十分明显：火种灯里面燃烧的温度是 1000 多摄氏度，经过隔热，手感温度仅在 60 摄氏度左右。登山队员只需戴着手套操作就可以进行隔热，不会被烫着。

本着这样的理念，刘兴洲带领科研人员，兑现了中国“科技奥运、人文奥运”的承诺。

3. 十八箴言 亦师亦友扶青年

作为一名学科带头人，刘兴洲非常重视对青年人才的培养。他曾经给国防科工委提过建议，希望采取措施培养青年学术带头人和技术骨干，说：“如果能有 100 名青年学术带头人，我们将来的航天事业就大有希望。”

20 世纪 80 年代至 90 年代，航天人才流失情况非常严重。当时社会上流传着这样一句话：“搞导弹的不如卖茶叶蛋的。”航天人收入较低，是公认的事实。

待遇反差和物质诱惑，使得一些航天青年科技人才驰心旁骛。有一段时间，摩托罗拉等著名外资企业的班车甚至开到了一些航天科研院所的门口，抢夺航天领域的科技人才。

跳槽的硝烟同样弥漫在动力技术研究所上空。许多年轻人陆续离开，给研制工作带来了不利影响。此种现象让刘兴洲忧心忡忡，他主张大胆提拔重用年轻人，为他们拓展成长空间。在他的建议下，所里先后选拔了多名年轻干部。

某重点研究室主任空缺时，刘兴洲推荐学生小翟担当这一重任，并在技术上尽心指导，在工作上帮他出主意，同时鼓励他参加各种讨论会、报告会，把许多机会让给他，使他迅速成长起来。刘兴洲成了年轻人最坚强的后盾，在项目取得成果时，刘兴洲常常把年轻人的名字署在自己前面。

出于对后备人才的战略考虑，三院、动力技术研究所两级决定招收和培养研究生。获得博士生导师资格的刘兴洲，也积极鼓励室里的年轻人报考他的博士生，不仅教给他们专业知识，还教他们学习的方法和做人的道理。他要求学生们先将厚书读薄，再将薄书读厚，不要好高骛远，不管做什么都要踏下心来

刘兴洲参加三院首届研究生毕业典礼

做，做出成绩，不虚度时光。

刘兴洲曾与年轻人语重心长地谈了18个字：始于志，勤于学，善于悟，勇于行，寓于群，成于恒。

——始于志，就是要有远大的志向，一个人明白自己生活的意义，才能有无穷的动力；

——勤于学，就是要努力学习，干什么学什么，不仅要具备科学素养，还要学习人文精神和社会知识，成为创新型人才；

——善于悟，就是要多给自己设置问题，具有思考问题和解决问题的能力，善于领悟其中的道理，善于抓住问题的本质；

——勇于行，就是要把知识用到实际工作中去，实践出真知，要多做工作、多承担任务，挑重担最多的人才是受到锻炼最多的人，才可能是最有用的人；

——寓于群，就是要把自己放到群众当中，要向周围的人学习，要具有组织、沟通、交际的能力；

——成于恒，就是要持之以恒，哪里有障碍就在哪里克服障碍，尝试、失败、再尝试，坚持不懈，才能成功。

刘兴洲特别主张通过各种重要的研究项目来吸引和培养青年科技人才。在撰写未来航天技术发展的论文中，他深情地写道："航天事业的成功，归根到底取决于人才，必须建立一支有创新思维、有事业心、有顽强拼搏精神的技术队伍。要吸引青年科技人才加入到航天事业创新发展的队伍中来，要设立航天创新发展的青年基金奖励有成就者，逐步建立起一支可持续发展的攻关队伍。”

因为专业上的突出成就，刘兴洲先后被清华大学、哈尔滨工业大学、北京航空航天大学、南京航空航天大学、西安交通大学、浙江大学等高等学府聘为教授或兼职教授。他一共带出了十几名硕士生和博士生，除了部分去国外发展外，大多数学生都成为了航天科研战线上的领导和技术骨干，为中国航天事业贡献才智。

近年来，刘兴洲培养的8名研究生，个个都获得优秀论文奖。选择论文题目对研究生非常重要，刘兴洲总是在繁忙的工作中抽时间与学生认真研究。硕士生小王在确定课题时，刘兴洲建议他把题目集中在“侧面突扩燃烧室冷态流场可视化研究”上，并指导他用二元模型方法显示流场，还提供了自己多年积累的研究资料和数据。后来，小王的论文不仅获得了研究生优秀论文奖，还在1993年维也纳国际宇航联合会年会上发表，受到了与会各国专家的好评。

“我们能看得远一些，是因为站在巨人的肩膀上。”“刘老师像一本打开的书，对你毫不保留。”这是学生们对刘兴洲的一致评价。刘兴洲渊博的学识、严谨的态度和对年轻人的谆谆教诲，让大家感觉他是良师，更是益友。这种亦师亦友的关系，渗透在日常工作的每一个环节。

学生小刘每次去刘兴洲的办公室，都会发现老师的桌面一尘不染，书柜干净整齐，哪怕下班再晚，老师都会把文件资料整理归类，几十年如一日，体现了老科学家的工作风范。很多年轻人找资料时，常常直接找老师要十几年前甚至几十年前的资料，刘兴洲总能迅速地找出来。

在学生面前，刘兴洲是长辈，但他丝毫没有架子，反而十分谦虚。在一篇文章的措辞上，基于当时发动机熄火的具体情况，小刘觉得熄火英译用“blow off”比用“blow out”更合理。刘兴洲思考了一下，问清楚了细节上的差异后，欣然对文章作了修改，虚怀若谷之风范令人敬佩。

刘兴洲的平易近人也是出了名的。在一次讨论会上，动力技术研究所的一位新入职员工被介绍给刘兴洲认识，他很意外地发现，刘兴洲拿出笔打开本子，把他的名字记了下来。此后在很多场合，刘兴洲院士都能叫出他的名字。这对一个刚工作不久的年轻人来说，真是莫大的鼓励，常常让他感到温暖和关怀。

还有一位年轻人，刘兴洲是他的答辩评委之一。答辩当天，刘兴洲看到他很紧张，便很温和地说：“慢慢来，别紧张，喝口水缓解一下。”听到这话，年轻人紧张的心情顿时放松了很多。在提问环节，他对刘兴洲提出的两个问题答得不是很好，正觉为难之际，刘兴洲又给了他很多建议，包括论文中需要改进的地方和课题进一步深入的着眼点，让他备受感动。

4. 俄语桥梁　谈判场上定海针

1992 年，随着苏联解体，我国与苏联近 20 年的冷冻关系结束，动力技术研究所的对俄合作工作也全面展开。一批又一批俄罗斯代表团到三院和动力技术研究所访问，讨论合作方向及技术问题。当多年未曾听到的、熟悉而又陌生的俄语在耳边响起时，刘兴洲激动不已。凭借语言优势，学习俄罗斯的成功经验，把我国的飞航导弹动力事业推向一个新的高度，成为他为自己定下的奋斗目标。

在这一目标的驱使下，刘兴洲亲自率代表团到俄罗斯各研究单位考察。当时苏联刚刚解体，俄罗斯政局动荡，粮食和物资匮乏，生活条件非常艰苦，代表团出国都要自己带米、方便面等食品。但刘兴洲从无一句怨言，跟其他同志一起适应恶劣的生活环境，从没搞过一次特殊，还常常以苦为乐，带领团队的青年把工作放在第一位。他的模范作用感染并影响了很多人，这些人在刘兴洲的指导下很快成长起来，并担任了各部门的领导职务。

合作初期，三院的俄语翻译极缺，中俄双方的技术沟通极为困难，仅有的几位翻译又对专业技术不甚精通。为避免双方的交流出现歧义，刘兴洲既担任技术负责人，又充当翻译角色，对每一项技术指标都亲自把关、确认。俄方提出的每一个技术方案，他都要先理解，然后再跟中方技术人员解释。每一次谈判直至形成最终的技术任务书，都经历非常复杂的过程，他们几乎每一天都加班到深夜，其中的辛苦可想而知。

刘兴洲为动力技术研究所打开技术引进的大门

起到了领航作用，他渊博的技术学识和深厚的俄语功底，也给俄罗斯专家留下了非常深刻的印象。直到 1997 年俄罗斯代表团来动力技术研究所访问时，都会有俄方专家问：“刘兴洲院士身体好吗？我可以见见他吗？”还有一次，动力技术研究所年轻的技术人员去西伯利亚力学所出差，和对方的专家为了某个技术问题争执不下，对方的专家说：“要是你们的老先生在这儿，他肯定能够明白，我一说他就懂。”对方口中的“老先生”，指的就是刘兴洲。

技术谈判有刘兴洲在场，就像有了定海神针，他会用风趣而不失文雅的俄语与外方交谈，使双方愉快地达成一致。一整天的谈判交流下来，他依然思维敏捷，滴水不漏。有时翻译工作中遇到难点卡壳，刘兴洲会耐心地帮忙翻译，或者提示：“小崔，你觉得是不是可以翻译成……？”他的话总是简洁、准确，一语中的，语气又是那么平和，让人心悦诚服。

5. 淡泊名利　团队永在个人上

在科研道路上一路披荆斩棘的时候，刘兴洲和他的同事们也开始收获科研果实。在相继翻越冲压发动机、小型涡扇发动机等一座座科技高峰以后，刘兴洲也收获了一些个人荣誉。在这些荣誉里，凝结着刘兴洲和同事们无数的心血，也见证了无数个日日夜夜的攻关。

1979 年，在一次导弹助推器飞行试验中，刘兴洲想方设法提前进行了冲压发动机飞行试验考核。首次冲压发动机空中点火试验取得圆满成功，不仅提前考核了冲压发动机性能，还缩短了型号研制进程。这让他获得了国防工办科技成果二等奖。

1980 年，刘兴洲在 CF-03D 冲压发动机研制中领导解决了火焰筒烧蚀故障、部件系统协调、发动机快速起动等关键技术问题，该型号于 1986 年首飞试验成功。该冲压发动机于 1988 年获得航天工业部科技进步奖一等奖。

1987年，刘兴洲参与的低空超声速系列冲压发动机技术研究获得国家科学技术进步奖一等奖。获奖以后，他高兴地向钱学森汇报成绩，并对钱老给予的指导表示感谢。钱学森回信道：“30多年前我做的那点工作是当时我的本职工作，是我该做的，不需要称道，就留在我们愉快的回忆中吧。”刘兴洲深深地被钱老的高风亮节所感动。

按照发展机弹一体化导弹技术的需要，刘兴洲主持新型整体式冲压发动机突扩燃烧室专项课题研究，通过理论计算与试验分析相结合的研究，探讨这种发动机的设计准则。1994年，该项研究成果获得中国航天工业总公司科技进步奖二等奖。

在某型号冲压发动机研制过程中，他的团队对发动机多个部件进行了创新设计，试验表明，全部满足发动机需要，特别是刘兴洲带领研制的一种新型进气道，使其达到低外阻、高效率的技术指标，获得了国防科技进步奖二等奖。

1992年，年近六旬的刘兴洲又肩负起了研制我国首个小型涡扇发动机的重任。在经历了无数次的试验以后，终于完成了国家赋予的神圣使命，并将其成功应用到我国新型飞航导弹上。后来该研究项目也获得了国家科学技术进步奖特等奖。

刘兴洲参与改造的高空试车台，被航空工业部列为航空发动机设计定型试验试车台，并被授予航空工业部技术改造一等奖，此后又被授予中国航天工业总公司科技进步奖一等奖。

……

他经常和人说，这些成绩不是靠我一个人获得的，没有团队就没有这些成绩。刘兴洲高兴的不是自己获奖，而是自己的团队得到了肯定。对于“痴迷”技术的刘兴洲个人而言，能够攻下一个个技术难关，为国家贡献自己的全部力量，那才是最开心的事情。

6. 润物无声 春风化雨感召人

身材瘦弱，温文尔雅，不急不慢，不卑不亢，刘兴洲浑身上下散发着儒者风范。一直以来，刘兴洲都是在用自己的学识和品德感召周围人。对于年轻人来说，这种教化可谓“润物无声”。

2004 年，三院总体部小王参加工作。在工作的几年时间里，他和刘兴洲院士共事，共同承担某工程项目论证与实施。刘兴洲知识渊博、专业扎实、眼光长远、以理服人、待人和气、关心后辈，给他留下了深刻的印象，刘兴洲有三句话更是让他一生受用。

第一句话是“你是总体，要有信心”。一次，刘兴洲带着相关专业技术人员赴某地洽谈试验方案，总体专业只有小王一人。那时，小王刚参加工作几个月，缺乏型号经验，加之外语基础不好，心里直发虚，在与合作方讨论的初期很少说话。刘兴洲注意到了这种情况，面带微笑地小声说：“你是总体，要有信心。”

这句话让小王认识到了自己的职责。在刘兴洲鼓励的目光中，他把胸挺了起来，接住对方的一个问题结结巴巴地回答起来。逐渐地，沟通越来越顺畅。

在后来的工作中，他经常不自觉地想起刘兴洲这句话。的确，一个团队的朝气要靠总体带出来。总体专业人员应积极主动思考，把握技术方向，做好技术发展规划、技术集成与验证，牵引各分系统工作，这样才会真正成为领头羊。

第二句话是“按照科学规律办事”。2005年，刘兴洲到总体部举办讲座，开篇之语就是“搞科学研究，要按科学规律办事”。客观规律是不以人的意志为转移的，几十年来，刘兴洲正是以科学严谨的态度推动了我国冲压发动机技术的快速发展，合理规划了未来冲压发动机技术的发展路线，更是在短时间内让奥运火炬成功燃烧。

这句话让小王领悟到科研工作中要有正确的科学研究态度和严慎细实的工作作风，尊重科学，尊重规律，型号研制不能心存侥幸，不能靠临时突击，应制定合理可行的阶段目标，采取科学的管理方法和有效的技术途径，避免拔苗助长。

第三句话是“别着急，这需要一个过程”。在进行某工程论证的时候，每天繁重的讨论、写稿和汇报任务，让小王非常烦躁。某技术多方竞争的态势却让其技术发展路线难以统一，而汇报稿又要按时完成。他对部分专家在会上不着边际地扯来扯去感到很烦，就问刘兴洲何时才能有结果。刘兴洲看出他有情绪，轻声说：“别着急，这需要一个过程。”

看着刘兴洲气势沉稳、成竹在胸的样子，小王慢慢平静下来。果然，在各方专家发表完意见后，刘兴洲针对各个问题要害一一回应，很快取得了共识，也让报告得以按时提交。

这件事让小王认识到耐心等待的重要性。在工作过程中，总体专业人员要与多方面人员打交道，要以公平、公正、大度的心态与人交流，要从不同意见中汲取精华，不要因为不喜欢某个人就简单处理，要有“让德”，做到有理、有据、有节，形成紧密团结的向心力和乐于面对的亲和力。

像小王这样的例子不胜枚举。很多人因为工作与刘兴洲有一些或深或浅的交往，都能将刘兴洲对他们的影响总结出一二。这些细节如同春风化雨，滋润着每一个人的心田。

刘兴洲

刘兴洲院士传记

Academician Liu Xingzhou's Biography

第九章

家中楷模

因为在8月20日结婚，所以每年的这一天都被刘兴洲和李若男定为“家庆节”。工作中，他披荆棘、鏖战攻坚；家庭中，他纳百川、润物入心。

1. 聚少离多　万水千山总有情

在和夫人李若男结婚的那一天，刘兴洲深情而又认真地对她说："今天我们结婚了，就是一家人了，也是最亲近的人了。从今往后，一说若男就是若男和兴洲，一说兴洲就是兴洲和若男。我们终生相亲相爱，直到白头偕老，不分开。"李若男静静地听着，并深深地被感动着。

从那以后，他们风风雨雨共同走过了51个年头，顺时共欢畅，逆境两相

刘兴洲与夫人李若男结婚一周年纪念照

扶。刘兴洲也用他的一生，践行了自己的诺言。

1959年，李若男正在中国人民大学国际共产主义运动史专业读书。在叔叔的介绍下，她认识了已经在国防部五院工作的刘兴洲。初次见面，扎着两个羊角辫、天真单纯、像阳光一般活泼的李若男便给刘兴洲留下了非常深刻的印象。两人走出宿舍，沿着大路朝学校大门方向漫步。一开始，刘兴洲稍有拘谨，但却不失儒雅、成熟、稳重。言谈有序的刘兴洲也给李若男留下了不错的印象，因为她正希望找个成熟的人，弥补自己所缺。

因为从事的工作保密级别很高，刘兴洲从来不跟李若男谈自己的工作内容，甚至连他上班的地点也从不提起，每次都是他去学校找她，李若男也从来不问。这样，只要两人一分开，李若男便没有了刘兴洲的一点消息。尽管如此，随着时间的推移、接触的增多，李若男越来越觉得刘兴洲为人非常真诚、实在。

刘兴洲工作非常忙，周末下班后甚至都顾不上好好吃饭就往人民大学跑，这让李若男深受感动。交往中，李若男逐渐发现刘兴洲的知识面和兴趣爱好都很广泛，尤其是性格温和，从不着急生气，这些都使她越来越欣赏刘兴洲并报以极大的信任。

一年后，刘兴洲被选派去苏联留学，单位希望他走之前能先结婚。但是，李若男还没从学校毕业。

面对终身大事，两人既感到高兴又有些措手不及。经过商量和各自严肃认真的思考，两人都觉得对方可以成为和自己度过一生的伴侣。最终，两人同意结婚，并把婚期定在了 8 月 20 日。

结婚仪式在北航的小食堂里举行。在那个物资匮乏的年代，仪式进行得非常简单。刘兴洲穿着平日里的白上衣、绿军裤，李若男的大婶给她做了一件花连衣裙和一套上衣加短裙。刘兴洲用工资买了两个被面、一条床单和一对枕套，其他一无所有。两人凭证明各买了一斤糖，和同学同事们聚在一起，大家吃吃糖，热闹热闹，仅此而已。形式虽然简单，但因为刘兴洲的深情厚意，李若男还是觉得非常幸福。

1961 年，刘兴洲去苏联留学。除了每年夏天有一个短暂的假期可以相聚外，两人一分别就是 4 年之久。那时互通信息的唯一途径就是写信。按照规定，两人来往的信件都通过大使馆传递，这样既安全，也相对有时间保障。在长达 4 年的跨国生活中，李若男每周都能准时收到刘兴洲的来信，有时篇幅长点，有时篇幅短点。

每年暑假是刘兴洲的回国时间，而毕业后就被分配到北京工商学院当老师

刘兴洲与夫人李若男年轻时的合影

的李若男也在放假，那段时间便成了他们最快乐的时光。因为在8月20日结婚，所以每年的这一天都被他们定为“家庆节”。尽管生活不太富裕，但两人在这一天总要进行些一些活动，或是逛公园，或是看电影、听歌剧，或是改善一下生活，多买些两人喜欢吃的菜，由刘兴洲亲自下厨做。这些事平时都可以做，但在“家庆节”这一天，无论吃什么、做什么，两人都会感到开心和满足。

每逢“家庆节”，刘兴洲都会尽其所能地花心思送李若男一些小礼物。因为刘兴洲在苏联留学，李若男很早就有了呢子大衣、手包、高跟鞋等一些在当时算时髦的物件。特别是那件大衣，面料和内衬都是刘兴洲在苏联买好带回国，再按照李若男的尺寸来做的。为了做得合适满意，他不惜花费高额手工费，把料子送到制衣店去做，李若男非常喜欢，收藏了很久。

在“家庆节”那天，两人还有一个非常重要的活动，就是回忆过往。不管多忙，两人总会拿出一些时间来说说话，回忆一些值得纪念或感受很深的事，谈谈当时的感受和后来的认识。每回忆一次，两人对彼此就更理解，感情也更深。

1963年，大女儿葆青出生了。李若男一个人一边讲课，一边带孩子，就把家安在了学校，住进了学校内的教师宿舍楼。刘兴洲回国以后的上班地点

刘兴洲和大女儿葆青在一起

在20多千米外的北京郊区，因为交通不便，刘兴洲只能每个周末回家一天。有的时候，因为工作忙，怕早晨赶着上班时间太紧，他就在周日的下午返回单位，两人依旧过着聚少离多的日子。

由于刘兴洲工作的保密性质，两人又回到了刚认识的状态。只要刘兴洲一走，李若男就不知他的去向了，只知道他工作单位离家很远，工作很忙，吃的也不好，还经常闹肚子。尽管自己带孩子也过得很辛苦，李若男还是对刘兴洲牵肠挂肚。

“文化大革命”开始后，包括科研在内的各项工作均无法正常进行。在这极度混乱和困难的情况下，刘兴洲千方百计地想办法，和一些愿意工作的同事一道，继续艰难而顽强地工作着，并取得了一些成绩。这期间，政治斗争很激烈，刘兴洲到家的时间也更晚了，每当这时，李若男便坐立不安，担心刘兴洲，心里只有一个念头，就是盼着他赶快到家。

没过多久，工商学院除了部分留守人员之外，其余老师都被派往辽宁盘锦的“五七干校”。李若男也开始紧锣密鼓地忙着整理家务和准备出发的各种用品。一个周末，刘兴洲回家了，他看了看她准备的东西，想了想说：“你应该准备条棉裤，北京冬天虽然冷，但有条毛裤就可以过冬，而东北的冬天比北京冷得多，而且说不定还要在室外活动，有条棉裤还是必要的。”但此时出去买，时间已经很紧了，也不一定能买到合适的。于是，刘兴洲决定自己缝制。他打开柜子，找出自己的两条旧单裤，拿起软尺给李若男量了量尺寸，用尺子和粉片在裤子上画上印记裁剪起来，然后絮上棉花，用针缝来缝去。晚饭前，一条既合身又柔软的棉裤便做成了。每当李若男穿着那条棉裤，总会不由自主地想起丈夫刘兴洲，并被他的细心和周到深深感动。

1969 年年底，刘兴洲也被派往三院在河南的“五七干校”。当时规定，如果夫妻两人都在“五七干校”，可以调至同一个地方。于是，李若男便把大女儿葆青送回天津托刘兴洲的父母照顾，跟着刘兴洲到了河南。在“五七干校”的生活很艰苦，但他们接触到了砌砖盖房、锄地等多种劳动，亲眼看到了当地农民生活的贫困和不易，这些都对刘兴洲夫妇起到了很大的教育作用。

第二年，两人在干校一起度过了结婚十周年的纪念日。他们挑了一个公休日，准备去邻近的村子赶集。那天一大早，刘兴洲就推着自行车接上在宿舍门口等候的李若男，两人一起向着幸福出发。集市上的人非常多，周围村子里的人都把自家的东西拿去交换和买卖。刘兴洲和李若男虽然被挤来挤去，但看到什么都很开心。

8 月的天气特别热，走了一会儿，两人口渴了，便在集市上买了一个最小的西瓜。离开集市后，他们找到土路旁边的一处树荫，随意坐在土路上，一个人摁住西瓜，一个人捶打，一会儿就把西瓜给敲开了。就这样，两人边吃边笑边说话，完全顾不上吃相，心里被“家庆节”的幸福溢满。当说到远在天津的孩子时，两人顿时沉默下来，心中泛起丝丝伤感。

回去的时候已经是下午了。刘兴洲又到李若男宿舍，说趁今天有时间，想帮她把蚊帐挂好。因为“五七干校”里的蚊子特别多，天刚热时，他们就买了一个新蚊帐。当时经济不宽裕，李若男怕弄脏蚊帐，所以一直都舍不得拿出来挂。但那天刘兴洲非常坚持，一直说“挂上吧，挂上吧”。几十年后，李若男回忆起这件事，还像昨天发生的一样：“其实我当时特别能理解他的心情。在那个地方没有什么可以送，他就想帮我做些事。”晚上，李若男躺在新蚊帐里，回想过去的一天，不停地傻笑。平凡的一天，却那么温馨、快乐。

2. 相濡以沫　平凡温馨伉俪情

1971 年年初，刘兴洲结束了在“五七干校”的生活，回到动力技术研究所，并被安排在云岗南区东平房住下。几个月后，李若男也从“五七干校”回到北京。为了方便照顾孩子和刘兴洲，不让他舟车劳顿，李若男放弃了自己在大学教书的工作，随刘兴洲到了动力技术研究所。

刘兴洲一家在东平房里总共居住了 10 年，而东平房的简陋程度，现在的人是难以想象的。它由一排排作为云岗南区东屏障的仓库改建而成，室内既无厕所、又无暖气，屋后即为积肥粪坑群，窗户只能常年紧闭。冬天用煤炉取暖，得冒着煤气中毒的风险；如厕得去室外的公厕，那里设施简陋、卫生条件极差，夏天如厕得快速进行，一不留神，蛆虫就会爬到脚上来。

李若男第一次走进东平房时，被眼前的一切惊呆了。不大的房子，正对着门靠墙放着一张木板双人床，床的外半边铺有褥子，褥子上面放着叠好的被子和枕头，这就是刘兴洲睡觉的地方。床靠里的那半边，是光秃秃的木板，木板上放着一些书报。大门的左手边，放着一张三屉桌和两个三条腿的小圆凳，右手边靠墙处放着几个刘兴洲从干校回来时放东西用的木箱子，上面落满了厚厚的灰尘，整个房子显得极为简陋和凌乱。

“最近真的是太忙了，都没来得及收拾。”刘兴洲略带歉意地说完，顺手从窗台上拿起一个绿色的军用水壶递给李若男，“这里边还有水，你先喝点。我还没生炉子，你也很累了，喝完了就先在这儿休息一下吧。”李若男看看他憔悴而又疲倦的面容，心里阵阵酸楚。她太了解刘兴洲了，他肯定是太忙、太累了，确实没有时间顾及这些。后来，她才从别人口中得知，那段时间刘兴洲全身心地拼命工作，不仅很忙很累，还遇到了很多困难，一个人生活得十分艰苦。这些事情，刘兴洲很少对李若男提及。

李若男回北京后，就把葆青接了回来。条件虽然艰苦，但一家三口能在一起，亦其乐融融。

东平房的墙极为单薄，炎热的夏天，一晒就透，房内之热，可想而知。刘兴洲的前胸后背以及大腿，都生起了大片大片的痱子。当他伏“机”工作时，满头的汗水，从额头流到脸上、从耳后流到脖颈，他都顾不上扇一下扇子。热天的灯下，常常会飞来许多黑色的小虫还有蚊子，刘兴洲无奈，就用一条湿毛巾搭在后背上，继续埋头工作。李若男看到这些，除了有些心疼，更多的是对他的敬重。他始终坚持国家利益高于一切，几乎每天都超负荷地工作和学习。

冬天，东平房又非常冷。白天没人时要把炉子封起来，所以每次下班回到家，房间内的温度就犹如冰窖。在一个寒夜，李若男从睡梦中醒来，突然感到头痛，想下床喝点水，谁知一下子摔倒在地，心里清楚却感觉四肢沉重，也说不出话。刘兴洲意识到可能煤气中毒了，便艰难地移动至门边打开大门。就在推开门的瞬间，刘兴洲也重重地摔倒在了地上，脸色蜡黄、嘴唇发白、双目紧闭，直挺挺地躺在了水泥地上。

在那样冷的天气里，刘兴洲只穿着背心短裤躺在地上，李若男怕他太冷想扶他起来，他摆摆手示意暂时不要扶他。李若男只能拿来棉衣给他盖在身上。过了一会儿，刘兴洲才爬起来。两人躺在床上，谁也没说话，但谁也没睡着，只是闭着眼睛等待天明。到了上班、上学时间，一家人依次出门，刘兴洲突然回过身来，拉了一下李若男的手臂，说了一句："我们的命还挺大。"每当回忆起这件事，一家人还是觉得非常后怕。以前冬天早晨起床后经常感觉到的不适，本来以为只是晚上没睡好，没想到是煤气中毒。

1972 年年末，刘兴洲的二女儿葆春出生了。孩子的到来给全家带来了极大的快乐和欣慰，但李若男却患上了产后高血压。刘兴洲每天下班回家，无论多累，进门洗手后就主动抱起孩子照顾。尤其是每天早晨，他都随孩子早醒早起，把孩子抱到离李若男稍远一点的角落，面对墙壁，手臂左右摇动并小声唱着："好宝宝，别哭了，你妈妈的病就好了。"他这样做，只是为了能让李若男周围稍稍安静一点，能更好地休息一会儿。其实，那么小的屋子，无论他把孩子抱到哪个角落，李若男都一样能清楚地看到和听到。尽管如此，李若男还是能感受到他的良苦用心。

在东平房的10年是刘兴洲全家终生难忘的10年。当时刘兴洲40岁出头，正是年富力强、精力充沛、努力拼搏的时候，他努力学习、忘我工作。这也是他人生喜怒哀乐、酸甜苦辣相互交织并集中体现的10年。这段时间，他的人格、品德、意志、毅力、境界都得到了充分考验并不断升华。

刘兴洲的两个女儿离开家里都很早，两人从上高中就开始住校，大学读完后一个去了美国，一个去了澳大利亚，家里常年只有刘兴洲和李若男两人。每次刘兴洲出差前，他都会嘱咐李若男按时吃饭，千万不能凑合，还要抽空去商场买些李若男爱吃的小零食放在家里，以备不时之需。刘兴洲经常一个人出差，随着年纪越来越大，李若男也越来越不放心。刘兴洲非常理解她，每次登机前和到达目的地，都会给家里打个电话报平安。

刘兴洲总是加班，经常很晚才睡觉。他担心影响妻子休息，就主动搬到另一个房间去住，但他在两人房间的床头都装了电铃。如果李若男有事，一按铃他就可以第一时间赶过去。不仅如此，每天早上上班之前，他都会到妻子的房间，给她量量血压，询问她前一天晚上睡得好不好。

回首几十年共同走过的岁月，李若男总是深有感触地说："我这一辈子很幸运，尽管经历了不少苦、不少累，也受了不少穷、不少气，但能和刘兴洲共度一生是很幸福的。"两个人在一起一辈子都没吵过架，甚至连一句重话都没说过。

刘兴洲和李若男

刘兴洲从不生气、抱怨，更不会把单位的情绪带回家。每次下班回家，他都会笑嘻嘻地问李若男做了什么饭。有时李若男遇到不顺心的事，经常会想不开，并为此生气上火，刘兴洲从不急着劝解或制止，而是耐心地听她说，然后找一个恰当的时机说一两句幽默的话，往往是话一出口，就会让正在气头上的李若男禁不住笑了起来。这时，刘兴洲就会亲切地说："别不高兴啦，来，我们吃饭。"然后帮她把椅子拉好，让她坐得舒服一点。这样，不管李若男心中有多大委屈，也都会烟消云散。

2009 年，刘兴洲在体检时发现血色素偏低，并一直呈下降态势。之后的一年，他开始出现身体消瘦、尿中带血的状况，并常常感到疲倦乏力。李若男多次劝他去医院进行一次全面的检查，但一向少

刘兴洲与李若男

病的刘兴洲没有重视，总说年纪大了，工作忙点有些疲倦也很正常。就这样，他一如既往地忙于工作。

2010 年体检时，发现他血色素继续下降。为了查明原因，体检中心又把他召回，做了认真、全面的检查，不幸发现他得了肾盂癌，并已骨转移。随后，刘兴洲进行了手术、化疗和放疗，但为时已晚，所有治疗效果都不甚理想。

也许是预感到了什么，刘兴洲给妻子写了字条交待一些事情。有一张上面写着："亲爱的若男：你辛苦了，几次我生病都亏了你，使你又惊又怕又累。这份爱，这份情，我是感激不尽，这辈子也还不清了。我想对疾病，只有正确对待……"落款处为："永远爱你的兴洲。2010 年 7 月 29 日。"一句"亲爱的""永远爱你的"，从一个不善言谈的老者笔中流出，令闻者动容。

手术后，中国航天科工集团公司领导率科技委领导去探望刘兴洲。体虚羸弱的他对个人和家庭的事没有只言篇语，对自己的病情也是三言两语带过，虽气息已无往日的力度，但对航天事业、单位及专业的发展却是反复叮嘱。一个航天人、老专家对祖国事业、国防事业发自内心的热爱与无限的眷恋，令在场者感慨万分。

2011年年初，刘兴洲回家静养，配合中药调理。其实所有的人，包括刘兴洲自己都心知肚明，之所以出院，是因为能用的治疗手段都已用尽，疗效并不乐观。即使在这样的情况下，刘兴洲在尚未完全卧床之前，仍时常在电脑前看资料。有些同事找他商量技术上的问题并进行讨论，他都会一一认真考虑，并说出自己的见解和看法。

对待疾病，他不仅自己有着非常正确的心态，还总是考虑家人，怕家人为他的病揪心害怕。他努力做到平静、放松，按时服药、注意食疗，还不停地给大家鼓气。当家人弯腰为他量血压、测心率或为他擦洗时，他总是示意他们坐下，并说："总这样站着太累了，太辛苦你们了。"他身患重病，却从不对别人着急，总是和蔼地和别人交流，并努力配合大家为他所做的一切。

那一年的8月20日，是刘兴洲和李若男结婚51周年的"家庆节"。在731医院住院的刘兴洲已经病得很重了，前一天，他躺在病床上，李若男坐在床边，他就静静地、温柔地、深情地看着她。李若男说，一辈子，他都是用这样的目光看着她。有时候她也会开玩笑说："当年那么年轻，现在都老了，还有什么可看的？"刘兴洲却说："不，老了也有老了的美。"他一直都是这样，话不多，更很少说直白的甜言蜜语，可只言片语总能让人感受到绵绵情意。

刘兴洲躺在病床上，用非常微弱的声音说："8 月 20 日。"李若男克制住自己巨大的悲痛说："我记着呢。"刘兴洲闭上眼睛休息了一会儿，又看着她说："去理理发。"自从刘兴洲生病以后，李若男为了照顾他一直很忙，更重要的是没有心情打理，头发又长又乱。刘兴洲低声说："你太辛苦了。"

第二天，李若男打起精神去理了发，还特意穿了比较正式的衣服，买了两个大蛋糕，在医院和家人、医护人员一起，度过了第 51 个"家庆节"。刘兴洲重复着对李若男的感谢："谢谢你这么多年的陪伴，跟着我受了那么多的苦，为家里付出了很多，在我困难的时候一直理解我，有了家的支持，我在外面工作就无所畏惧了。你对我的这份情这份爱，我恐怕这一辈子都还不清了。"

没想到，这竟成了他们一起过的最后一个"家庆节"。

刘兴洲去世后，李若男写了一首小诗："一生夫妻肝胆照，人生五味共品尝。有此夫婿终生幸，共度一生死无憾。"

3. 如水父爱　良师益友好榜样

人们常说，母爱如水，父爱如山。而在刘兴洲女儿们的心目中，工作中的父亲可能是一座峻伟的山，披荆棘、鏖战攻坚；而家庭中的父亲却是一潭柔和的水，纳百川、润物入心。

刘兴洲和李若男共有两个女儿，有感于毛泽东形容共产主义"葆其美妙之青春"的说法，夫妻俩给姐姐起名叫葆青，妹妹叫葆春。

1963 年年初，和刘兴洲一同到苏联留学的一名同事意外去世。刘兴洲负责护送他的遗体回国，也因此多了一次与家人团聚的机会。刘兴洲回苏联以后，李若男惊喜地发现自己怀孕了。年底，大女儿葆青出生了。

初为人父的刘兴洲非常高兴，远在苏联的他，给李若男写了一封热情洋溢的祝贺信："若男爱妻，我衷心地祝贺你跨入了伟大母亲的行列，感谢你为我们带来了新的生命，让我们的爱情之树永远长青……千万要保重身体……"

从此以后，两人来往的信件就又多了新的内容：孩子的生活和成长情况。每次刘兴洲回国休假，都不会忘记给孩子买一些漂亮实用的小衣服或小玩具。葆青 2 岁以前，刘兴洲都不在国内，回国后他也每周只回家一次。因此，对孩子来说，父亲就像一个"陌生人"。但不知是因为血浓于水的关系，还是刘兴洲独特的哄孩子方法，他总能在很短的时间里和孩子亲热起来。葆青怯生生地走到父亲面前，扑在他怀里，让他抱着，或让他用车推着到外面玩儿。

葆春出生在冬季，东平房里即使生了两个煤炉还是非常寒冷，加上屋内的空气不好，孩子总是容易哭闹。没几个月夏天又来了，屋内热得像蒸笼，葆春身上长起了痱子，难受地哭个不停。每当这时，刘兴洲便顾不得一天工作的劳累，抱起孩子耐心地哄着。冬天，他会解开自己的棉衣扣子，把孩子放在他的胸前取暖，夏天则把孩子抱到屋外的树荫下给她扇扇子。每次，葆春总能在父亲的怀抱中慢慢安静下来。

在女儿们的心目中，刘兴洲是一个百分之百的好父亲，从小到大，两姐妹都得到了父亲的无尽宠爱。刘兴洲非常热爱工作，也非常敬业，有时为了做试验，连续几天回家很晚甚至不回家，即使在家也常常埋头工作。每天晚饭后到早上大家起床前，都是刘兴洲雷打不动的工作时间，儿时的葆春曾天真地问：“爸爸怎么从来不睡觉呢？”葆春从小学习就很好，成绩一直名列前茅，还以优异的成绩考上了清华大学。她说自己受父亲影响很大，从小就认为晚饭后看书、做功课是再正常不过的事了。有一段时间，葆春和父亲两人共用一张桌子。两盏台灯，相对而坐，度过了一个个温馨的夜晚。

刘兴洲非常善于安排时间，能够把零碎的时间都有效地利用起来。他在厨房放一个单卡录放机，每天早上刮胡子、洗脸、做饭的时间都被利用起来听英语，吃早饭时就把录放机拿到餐桌上继续听。那时候学英语的资料匮乏，他都是自己朗读英语录到磁带上，再反复听。就这样，年轻时学俄语的刘兴洲，在中年时又熟练掌握了英语，在国际会议上能够用英语作专题学术报告，并与外国专家交流。

尽管工作忙碌，但女儿们从来没有感到父亲对她们的忽视，相反，刘兴洲为孩子们做的比多数父亲还要多许多。

每天早上，他都会换着花样儿为家人做早餐，骑车送女儿们上学，晚饭后，默默地削好水果送到她们面前。夏天为她们做漂亮的花裙子，冬天为她们缝补棉衣，仅仅休息一天的周末，还经常带她们去北京各大公园玩。女儿们儿时的照片比同龄人多很多，那都是刘兴洲亲自拍摄、亲自洗出并放大的。

若是在外面吃到了好吃的或特别的菜式，回家后他就会尝试着做给家人吃，周末有时会花半天时间在厨房忙活，女儿们吃完之后笑道：“虽然速度不是厨师级的，味道的确是厨师级的。”长大后，葆青最大的愿望就是让父亲吃到所有好吃的东西，而他却患上了痛风，很多食物都不再适合他，葆青的这一愿望终究没能实现。

虽然是理工科出身，刘兴洲却对时装有着自己独特的品味和感觉。孩子们小的时候，物资匮乏，他没少为她们做新衣，衬衣、裙子，穿出去都漂漂亮亮的，有些看上去跟买来的一样。葆春上大学时，刘兴洲从俄罗斯带回一块呢子布料，亲自在纸上设计大衣款式，并请裁缝为她做了一件大衣。葆春非常喜欢，直到现在还珍藏着。

刘兴洲从来不说累，即使加班或出差回来，也都投入到家庭劳动中，要么帮妻子做家务，要么带孩子出去玩。出差回来，家人都让他歇会儿，他便说坐飞机就是休息。在他嘴里，从来听不到“累”“热”“饿”这样的字眼。如果问他，他从来都回答“不累”“没事儿”“挺好的”。

刘兴洲性情温和，女儿们从没见他生过气，甚至没见他高声说过话。女儿们犯错误时，刘兴洲总是和蔼地轻声告诉她们错在哪里，应该怎么做才对。考试考得不好，他也会平和地说：“以后再努力一些，学得再扎实一些就是了。”刘兴洲越是这样宽容，女儿们越是希望自己做好，不让父亲失望。不仅对女儿，刘兴洲对所有人都十分宽厚，有时家人抱怨些什么，他总是用轻松幽默的话语开导大家，永远站在别人的角度考虑问题，对别人从不要求、不抱怨、不指责。

刘兴洲非常喜欢孩子，无论对两个女儿还是孙辈，都有无限的耐心。女儿小时候过生日，他会买来山楂糕，亲自为她切一个寿桃。女儿不好好吃饭时，刘兴洲为了逗她开心，就用刀在鸡蛋羹上划出小动物图案，再浇上酱油，图案就会显现出来，然后他会笑眯眯地看着女儿问：“你想先吃哪块儿呢？”女儿膝盖磕破了上红药水时疼得哭，他便会饶有兴致地用棉签一边上药一边画成一个小动物，使女儿破涕为笑。

生活中的刘兴洲看起来不苟言笑，但实际上却风趣幽默。女儿们和妈妈是家里说话的“主角”，但刘兴洲不多的话语却常常如点睛之笔，或让大家恍然大悟，或让大家捧腹大笑。一次，葆春从学校回家，兴致勃勃地说起学校组织了什么活动，大家都做了什么，等她说完后，刘兴洲说道：“你刚才说的这段话，

刘兴洲夫妇与两个女儿合影

不用做多大修改就是一篇很好的散文。你观察得很仔细、很具体……说话、写文章就要这样言之有物，言之有理。”

对待考试和分数，刘兴洲经常教育孩子们：“考试是对学生学习的一次检查，分数自然重要，但也不能把分数看得过重，重要的是你有没有学到真正的知识。无论考得好与不好，都要认真总结，才能加深对知识的理解，做对的题目也不妨再思考一下，还有没有更好的解法，要拓宽思路。”

刘兴洲虽然是严谨的科技工作者，却不是一个刻板的人，他对新事物总是充满了好奇心和探索精神，思想与时俱进。他非常喜欢音乐、艺术，对绘画、书法、篆刻颇有研究，对摄影和集邮更是痴迷。葆青和葆春小时候常常跟随父亲逛书店、工艺美术店，参观天文馆、博物馆、美术馆等，在父亲潜移

刘兴洲夫妇给外孙女过生日

默化、寓教于乐的培养中，热爱科学、热爱学习、热爱生活、热爱大自然。美术作业经过父亲寥寥几笔的修改，常常令人耳目一新，然后得到老师的夸奖。

女儿们长大以后，刘兴洲又把这种爱延伸到了孙辈身上。只要孩子们在家，他不管上班有多累，都会尽量抽出时间陪他们玩儿，甚至不顾年老体弱带他们去动物园、海洋馆、天文馆、航空博物馆……他喜欢跟孩子们猜谜、玩智力游戏。

刘兴洲还是下棋打牌的高手。葆春小时候，晚饭后常常央求父亲与她下象棋。周末葆青回家，也会拉着父亲打扑克。刘兴洲会很多种玩儿法，还会用扑克变魔术。女儿们都很奇怪，平时父亲这么忙，他是怎么学会这些的，而且还玩儿得这么好。也许除了天资聪慧，更重要的是无论他做什么事，都保持肯钻研、善于动脑筋的习惯，还有认真的态度。

刘兴洲讲究生活情趣，家里大到家具的摆放，小到窗帘的挑选、工艺品的摆放等，他都肯花心思，家里有许多出自他手的“经典作品”。20 世纪 80 年代，他为家里第一台 12 寸黑白电视机做的浅绿色电视机套堪称精品，它不是一个松松垮垮的套子，而是沿着电视机的曲线精心裁剪缝制而成的艺术品，既合适又漂亮。家里晒衣服的架子也是他用比较粗实的铁丝亲手做的，全部大小一致，美观耐用。厨房里各种各样挂东西的钩子也是他自己做的，因为那些挂钩过于精美，女儿还笑称父亲为“挂钩能手”。

刘兴洲非常细心，对家中的每个成员都关心入微，每次出差都不忘给大家买礼物，有时是当地的特色食品，有时是工艺品，有时是衣服围巾鞋帽。即使是在女儿长身体的阶段，他也能清楚准确地知道每个人衣服鞋子的尺码，总是能买回大家特别喜欢的东西。

1979 年，葆春要上小学了，刘兴洲特地利用出差的机会从上海为她买回了一个红色人造革小书包。在当时人人都背军挎包的年代，葆春背着抢眼的漂亮书包欢天喜地走进学校，特别骄傲。当时女儿只是喜欢那个书包，而长大后才体会到这个小书包融进了父亲多少的爱。两年后家里搬家，葆春每次上学要走半小时路，冬天很冷，总是被冻得哆哆嗦嗦。那时北京刚开始卖羽绒服，刘兴洲便立即给女儿买了一件，又轻盈，又保暖。每次出门前，他还会细心地帮女儿把棉手套塞进羽绒服的袖子里，让女儿暖暖和和地走到学校。

有一天，葆春回来说：“学校要有活动，老师说都要穿花毛衣。”葆春没有，只有妈妈为她织的黄色毛衣。对孩子来说，老师的话最重要，一定要按照老师的要求去做。参加学校的活动，也是孩子最喜欢的，可是没有花毛衣，她有点不高兴，甚至有点难过，李若男一时也想不出解决的办法。第二天中午，刘兴洲下班回来，看起来挺高兴，原来他去商场买了两片漂亮的补花，晚上，等孩子睡着后，他拿起毛衣，考虑好红领巾的位置，然后动手缝制，把两片补花分别缝到毛衣前胸左右的合适位置。他的针脚非常细致，采用比毛线细而又略带弹性的同色膨体纱，在花边周围一个小环一个小环地缝制起来，花毛衣问题就这样完美地解决了。第二天葆春放学回来特别高兴，一进门就大声说："老师说，我的毛衣挺漂亮，还问是谁缝的，我说是爸爸！"

女儿高中时住校，每个周末回家时，刘兴洲总是帮她整理返校的背包：苹果洗好擦干再装进袋里，还有各种各样的饼干整齐地装进饭盒里。高一那年的5月，天气渐热，因为学校有活动，女儿连着两个星期没回家，刘兴洲便利用在市里开会的机会，给女儿买了一双凉鞋，专门坐车送到了学校。

女儿们并不知道刘兴洲在单位身兼要职，长大后才逐渐了解到他不仅仅是一个好父亲，更在事业上取得了辉煌的成就。女儿们成为人母以后，愈发觉得刘兴洲能同时把专家、学者、老师、丈夫、父亲这么多角色都诠释得那么完美，是多么的难能可贵。

葆青和葆春都非常敬重和关心父亲。刘兴洲之前一直用手动剃须刀，既麻烦又费时，葆青很早就给父亲买了最好的电动剃须刀。刘兴洲一提起想学电脑，两个女儿就在第一时间给他买了台式电脑和笔记本电脑。刘兴洲做心脏搭桥手术时，两个女儿都从国外赶回北京照顾父亲。2010 年刘兴洲患病时，葆春更是因为不能经常请假回国而放弃了在美国的工作，回到北京专心照顾父亲。

刘兴洲的话虽然不多，却总是用自己的行动在点滴间影响着他人。在他去世后，孩子们都说："能做刘兴洲的女儿是何等幸运、何等幸福！他是最好的爸爸、最好的丈夫，也是我们全家人的良师益友，学习的好榜样。"

刘兴洲

刘兴洲院士传记

Academician Liu Xingzhou's Biography

第十章

大师远去

刘兴洲院士的离去，对中国航天事业是个巨大的损失，但他身上蕴藏的科学精神，却可以超越时空得到永续，成为航天科研工作者永远的财富。

1. 斯人已去　航天动力星陨落

人固有一死，或重于泰山，或轻于鸿毛。

2011 年 11 月 6 日 10 时，我国航天动力事业的奠基人之一、著名冲压发动机专家刘兴洲院士，因病医治无效在北京逝世，走完了他 79 年的光辉人生，航天动力星空陨落了一颗明亮的星。

11 月 8 日，三院网站首页发出讣告，牵动了无数人的心。胡锦涛总书记对刘兴洲同志的逝世表示哀悼，对其亲属表示慰问。吴邦国、温家宝、李长春、习近平、李克强、朱镕基、吴官正、刘延东、李源潮、张高丽、张德江、林文漪等送来花圈。来自总装备部、各兵种单位、国防科技工业企业、高等院校的代表以及社会各界科技工作者、两院院士、老领导、中国航天科工集团公司所属单位近千人到现场吊唁。

11 月 10 日，三院为刘兴洲院士举行了遗体告别仪式。清晨的云岗路上，草木含悲，哀乐低徊。731 医院告别厅前鲜花掩映，帷幕低垂。“悼念刘兴洲同志”的字幕寄托着无限哀思，刘兴洲的遗体安卧于鲜花翠柏丛中，身上盖着鲜红的中国共产党党旗。

党和国家领导人致电哀悼。中共中央组织部、中国人民解放军总装备部、中国工程院、国防科工局、中国航天科工集团公司党组、中国航天科技集团公司党组送来花圈。清华大学、国防科学技术大学、浙江大学、上海交通大学、哈尔滨工业大学、西安交通大学、北京航空航天大学、北京理工大学、南京航空航天大学、中国科学院力学所、第 29 届奥林匹克运动会科技委办公室、北京奥运火炬珠峰传递领导小组、中国登山协会、中国宇航出版社、中国宇航学会无人飞行器分会、中国国际文化交流中心等单位也送来花圈。

社会各界近千人到场吊唁，很多人都是自发前往，一度造成了交通堵塞。在前来送别刘兴洲院士的干部职工中，有和刘兴洲院士共事多年满头白发的离

许达哲（左）和周济（右）参加告别仪式

来宾观看刘兴洲院士事迹展板

退休老同志，有跟随刘兴洲院士学习先进技术的科研技术骨干，有参加工作不久、深受刘兴洲院士精神感染的年轻职工。他们胸戴白花，排着长队走进礼堂，在刘兴洲院士遗体前肃立默哀，鞠躬致敬，沉痛悼念。

11 月 25 日上午，三院组织了刘兴洲院士追思会。来自总装备部军兵种部、专项办、冲压发动机技术重点实验室、高等院校及协作科研单位的代表，中国航天科工集团公司、三院及动力技术研究所有关领导和代表，刘兴洲院士家属及国内主流媒体记者代表，近 60 人集聚三院追思。

追思会上，一部记录刘兴洲为中国飞航动力事业奉献一生的短片，令现场的人动容。“我想科学呀，是个真实的学问，一定要下力气，不走捷径，真的要下力气，老老实实地研究学问、掌握技术，为国家做出贡献。”遗像中的刘兴洲神色庄重，目光坚毅，似乎仍在思索着航天动力事业的未来发展。

在“缅怀刘兴洲院士，追忆科学家风范”的黑色挽联前，型号“两总”、火炬研发团队代表，刘兴洲的领导、同事、学生代表，以及家属一一发言。大家追忆着刘兴洲生前的点点滴滴，述说着他在科研、治学、处世、为人等方面留下的宝贵精神财富。

爱因斯坦曾在《悼念玛丽居里》一文中说道：“在像居里夫人这样崇高的人物结束她一生的时候，我们不要仅仅满足于回忆她的工作成果对人类已经作出的贡献。第一流人物对于时代和历史进程的意义，在其道德品质方面，也许比单纯的才智成就方面还要大。”把这句话用在刘兴洲身上再合适不过。

2. 馨香长留　永久丰碑向后世

人的生命是有限的，每一个生命个体都不可避免地经历出生、成长和死亡，但附加在生命个体之上的精神，却可以超越时空得到永续。

刘兴洲院士的离去，对中国航天事业是个巨大的损失，但他身上蕴藏的科学精神将是航天科研工作者永远的财富。

2011 年 12 月 1 日，三院党委发出通知，号召在全院范围深入开展向刘兴洲院士学习的活动：学习他报国为民、鞠躬尽瘁的高贵品格和坚定信念、矢志拼搏的高尚情操；学习他谦虚谨慎、淡泊名利的崇高品德和爱岗敬业、履职尽责的工作追求；学习他奖掖后学、甘为人梯的奉献精神和生命不息、奋斗不止的人生境界；学习他刻苦钻研、严谨务实的科学精神和勇于探索、锐意进取的创新精神。

12 月 20 日，三院举办刘兴洲院士事迹巡展。在持续两个月的时间里，刘兴洲的事迹迅速传遍院所科室、车间班组，大家都为失去这样一位德高望重的

三院职工参观刘兴洲院士事迹巡展

老院士感到痛心，同时又觉得有自己责任、有义务把他开创的事业继承好，以告慰院士的在天之灵。

看完巡展后，不少职工写了心得体会。动力技术研究所6车间小白写道：虽与刘兴洲院士素未谋面，但通过学习刘老的事迹，我被他的精神所感染。刘兴洲院士身上有太多值得我们学习的地方。纵使时光流逝，我们也不会忘记他为航天动力事业倾尽一生、无私奉献的精神。就人生的意义而言，他活出了他的价值，我们要继承他的遗志，用实际行动缅怀他，将航天事业推上新的高峰！

33所职工小周写道：观看完此次巡展，我被深深地震撼了。刘兴洲院士把一生都奉献给了航天事业，为祖国和航天事业的发展时刻忙碌着。这是怎样的一种精神，怎样的一种情怀？我要认真学习他那拼搏奉献的高尚品质，为航天事业的发展而努力

《刘兴洲院士纪念文集》编制工作启动会

奋斗!

2012年12月，在刘兴洲院士逝世一周年之际，动力技术研究所推出了《精忠报国 风范常青——刘兴洲院士纪念文集》，文集分“励志强国篇”“奥运功勋篇”“精神永驻篇”“友情缅怀篇”“诗词咏赋篇”，共刊载了15万字75篇纪念文章。文章通过老领导、同事、学生、家人以及朋友等不同人的视角，还原出一个立体的刘兴洲人物形象，其高贵的品格、严谨的学风、平易近人的态度，为后人展现了一名老科学家的风范。

2013年6月，某发动机重点实验室设立了“刘兴洲基金”。此基金的设立，旨在弘扬刘兴洲院士“创新是民族的灵魂、创新是科技的生命”的工作精神，激励科技工作者勇攀科学高峰。

斯人已去，馨香长留。刘兴洲院士虽已千古，但他的精神永存，大师风范值得敬仰。动力技术研究所职工小罗作了一首诗，表达了全所职工对刘兴洲院士的深切怀念和颂扬：

丰　碑

——追忆刘兴洲院士

您用正直为人，
垒砌了人生的碑座，
您用谦逊平和，
耸立了人格的碑石，
你以辉煌业绩，
镌刻了不朽的碑文。
有人虽生却已死，
然而，
您虽去却犹生，
因为，
您的人格操守会与世长存，
最为贴心的褒赞，
最为淳朴的怀念，
都在那看不见，
但会永远耸立心中的丰碑里。

刘兴洲大事年表

1933 年
3 月 17 日，出生于天津市红桥区。

1939 年　6 岁
8 月，就读于天津市红桥区河北大寺小学。

1945 年　12 岁
8 月，就读于天津育才中学。

1946 年　13 岁
8 月，就读于天津市立一中。

1949 年　16 岁
8 月，就读于天津高等工业学校。

1950 年　17 岁
8 月，就读于北京培德中学。

1951 年　18 岁
2 月，就读于天津木斋中学（现名天津第二十四中学）。

8 月，考入清华大学航空学院。

1952 年　19 岁
6 月，加入中国共产主义青年团。

1953 年　20 岁
随院系调整转入北京航空学院学习。

7 月，在北京航空学院加入中国共产党。

1956 年　23 岁

8 月，在北京俄语学院留苏预备部学习。

1957 年　24 岁

10 月，进入国防部五院空气动力研究所工作。

12 月，任五院直属第三研究室下辖冲压发动机分队副队长。

1959 年　26 岁

担任第三研究室冲压发动机分队试验大组组长。

1960 年　27 岁

8 月 20 日，同李若男举行婚礼。

1961 年　28 岁

10 月，被派往苏联茹科夫斯基航空工程学院学习。

1963 年　30 岁

大女儿刘葆青出生。

1964 年　31 岁

11 月，和其他在莫斯科的中国留学生一起受到了周恩来总理的接见。

1965 年　32 岁

被授予科学技术副博士学位。

1966 年　33 岁

12 月，被任命为冲压发动机总体研究室主任。

1969 年　36 岁

10 月，前往河南“五七干校”劳动。

1971 年　38 岁

2 月，从河南“五七干校”回动力技术研究所工作。

1972 年　39 岁

二女儿刘葆春出生。

1975 年　42 岁

12 月 24 日，负责的海鹰三号导弹全弹试车取得圆满成功。

主持完成俄文版《冲压和火箭——冲压发动机原理》一书翻译工作。

1977 年　44 岁

10 月，担任动力技术研究所一室主任。

1980 年　47 岁

6 月，担任动力技术研究所副所长。

6 月，担任 CF-06 发动机主任设计师。

1981 年　48 岁

4 月，担任动力技术研究所党委委员。

9 月，被聘为高级工程师。

12 月，负责的 CF-06 冲压发动机延迟点火试验获得 1981 年国防科委重大科技成果二等奖。

1983 年　50 岁

3 月，担任 HY-3 导弹副总设计师。

5 月，担任动力技术研究所科学技术委员会主任。

1984 年　51 岁

3 月，担任仿真系统主任设计师。

12 月 5 日至 24 日，随航天工业部小涡轮喷气发动机技术考察团赴美，对美国小涡轮喷气发动机进行技术考察。

1985 年　52 岁

2 月 9 日，荣立三院个人一等功。

7月，主持研制的CF-06冲压发动机研制获航天工业部科学技术进步重大贡献一等奖。

12月，被聘为航天工业部学位委员会评议组成员。

1986年　53岁

1月，被国家授予"中青年有突出贡献专家"荣誉。

4月，被中国宇航学会聘为固体火箭推进专业委员会第二届副主任委员。

1987年　54岁

2月20日，被国防科学技术工业委员会聘为专家组成员。

5月，被聘为中国工程热物理学会热机气动热力学分会委员。

7月，低空超声速系列冲压发动机技术（包括CF-06冲压发动机）获得国家科学技术进步奖一等奖。

1988年　55岁

2月1日，被航天工业部科技情报研究所聘为动力装置专业情报网网长。

6月，主持研制的CF-03D冲压发动机技术研究获航天工业部科学技术进步重大贡献一等奖。

6月，被聘为北京航空航天大学兼职教授。

1989年　56岁

1月，被评为航空航天工业部专业情报网优秀网务工作者。

6月，随航空航天工业部联合推进技术代表团应邀参加在美国波士顿召开的主题为"二十一世纪的推进"第二十四届联合推进会议。

9月3日至8日，赴希腊雅典参加第九届国际吸气式发动机会议，在会上与严成忠总师发表论文。

11月，在中国航空学会第二届动力年会上发表论文《天地往返运输系统发展途径的探讨》。

1990年　57岁

5月20日至25日，赴日本东京参加第17届国际空间技术和科学会议。

9月5日，被聘为北京宇航学会第一届理事会理事。

1991年　58岁

7月，经国务院批准享受政府特殊津贴。

10月9日，被聘为西北工业大学博士生指导教师。

1992年　59岁

4月，担任涡扇发动机首任技术负责人，带领中国专家去俄罗斯考察。

12月，荣立三院个人一等功。

12月22日，获得国防科学技术工业委员会1987-1992年国家高技术航天领域工作重要贡献奖。

12月，被聘为三院科学技术委员会委员。

1993年　60岁

4月20日，被国防科学技术工业委员会聘为航天领域委员会(第二届)成员。

7月30日，被聘为哈尔滨工业大学兼职教授。

10月10日，被聘为中国航空学会第三届《航空动力学报》编辑委员会编委。

11月1日，获中国航天工业总公司“创建航天事业贡献奖”。

11月27日至12月11日，应邀对德国进行访问，参加了AIAA/DGLR第五届国际空天飞机和高超声速技术会议。

1994年　61岁

1月，被评为培养青年优秀工作者。

2月22日，某可行性及概念研究报告获得国防科工委国防科技软科学科学技术进步奖二等奖。

6月25日至7月5日，赴美参加第30届AIAA/ASME/ASEE主办的联合推进会。

7月1日，被聘为《推进技术》编委会主任。

8月1日，被聘为中国航天工业总公司第三航天专业技术信息网网长。

9月，主持整体式冲压发动机突扩燃烧室专项课题研究，获得中国航天工业总公司科学技术进步奖二等奖。

10月，被国防科工委授予先进个人荣誉称号。

1995年　62岁

当选为中国工程院院士。

3月8日，CS-01冲压发动机进气装置研究获中国航天工业总公司科学技术进步奖二等奖。

4月10日，被聘为国防科技重点实验室学术委员会委员。

9月11日至15日，赴澳大利亚墨尔本参加第12届国际吸气式发动机会议，并担任该会议冲压发动机分会主席，在会上发表了学术报告。

12月，被聘为南京航空航天大学兼职教授。

1996年　63岁

3月20日，荣获某型号关键技术攻关先进个人二等奖。

4月，在青年人才培养中贡献突出，被评为良师。

12月30日，主持改造的CS-01试车台测量控制系统研究获中国航天工业总公司科技进步奖一等奖。

1997年　64岁

5月，被聘为航天领域专家委员会第三届专家委员会咨询专家。

5月20日，被国务院学位委员会聘为第四届航空宇航科学学科与技术评议组成员。

1998年　65岁

1月8日，被聘为装甲兵工程学院兼职教授。

3月12日，被聘为北京航空航天大学研究生院航空宇航推进理论与工程学科专业博士生指导教师（兼职）。

1999年　66岁

5月12日，被评为三院“航天国防科技报告”工作先进工作者。

7月6日，被聘为中国国际文化交流中心理事会理事。

8月19日，被聘为中国航天机电集团公司第一届科学技术委员会顾问。

9月1日，被中国人民解放军总装备部聘为火箭发动机与固体推进技术专业组副组长。

12月，主持开展的某课题获国防科技进步奖一等奖。

2000年　67岁

1月20日，被聘为中国人民解放军总装备部科学技术委员会兼职委员。

9月8日，被聘为海军航空工程学院兼职教授。

12月，获国防科学技术奖三等奖。

2001年　68岁

3月6日，被聘为国防科学技术工业委员会航天火箭与导弹发动机标准化技术委员会主任委员。

2002年　69岁

3月，被聘为中国人民解放军总装备部科学技术委员会兼职委员。

3月，被聘为中国人民解放军总装备部火箭发动机技术专业组成员。

4月，被聘为动力技术研究所专业咨询组专家。

2003年　70岁

3月，被聘为国家高技术研究发展计划主题专家组咨询专家。

9月，“短型埋入式进气道型面研究”获国防科学技术奖二等奖。

11月8日，被国家商务部聘为国家出口管制专家支持体系技术专家。

2004年　71岁

5月，被聘为清华大学航天航空学院兼职教授。

5月，被聘为中国航天科工集团公司第二届科学技术委员会顾问。

2005年　72岁

1月，被聘为上海交通大学空天科学技术院战略专家委员会委员。

2006年　73岁

1月，领命带队开始奥运火炬研制。

1月10日，被聘为中国航天工业科学技术咨询公司专家委员会委员。

3月14日，被聘为西安交通大学兼职教授。

7月，被聘为火炬燃烧系统总设计师。

7月20日，被中国人民解放军总装备部聘为国家安全重大基础研究项目专家组组长。

9月30日，被授予中国航天事业50周年“杰出贡献奖”。

2007年　74岁

3月，被聘为中国人民解放军总装备部科学技术委员会兼职委员。

9月，被中国航天科工集团公司质量部授予预先研究特殊贡献奖。

10月，参加首届国际航空科学与技术发展高峰论坛，并应邀在会上做了题为“高超声速飞行器技术的发展”大会报告。

11月，获得国防科技进步奖一等奖。

11月，被中国宇航学会聘为第四届无人飞行器分会高级顾问。

12月，获得国防科技进步奖二等奖。

2008年　75岁

1月16日，被聘为国防科学技术工业委员会航天火箭与导弹发动机标准化技术委员会主任委员。

7月，荣立奥运会火炬研发及技术保障个人一等功。

8月6日，作为北京市第400棒火炬手参加火炬传递仪式。

8月8日，光荣参加第29届奥运会开幕式。

10月，被中国航天科工集团公司授予“科技奥运先进个人”。

10月，在奥运火炬燃烧系统研制及技术保障工作中成绩显著，荣立中国航天科工集团公司三院个人一等功。

2009年　76岁

1月，荣获国家科学技术进步奖特等奖。

3月8日，被中国航天基金会授予2008年度中国航天基金奖。

4月23日，被聘为中国航天科工集团公司第三届科学技术委员会顾问。

6月，被《科学中国人》杂志社评为“科学中国人（2008）年度人物”。

10月1日，在天安门观礼台光荣参加了中华人民共和国成立60周年庆祝大会和联欢晚会。

11月10日，被聘为浙江大学航空航天学院兼职教授。

2010年　77岁

4月1日，被聘为教育部新型飞行武器联合研究中心首届学术委员会委员。

2011年　78岁

11月6日10时，因病医治无效在北京逝世。

参考文献

[1]《刘兴洲院士纪念文集》编委会.精忠报国 风范常青——刘兴洲院士纪念文集[C].北京：科学出版社，2011.

[2] 刘兴洲.刘兴洲院士文集[C].北京：中国宇航出版社，2011.7.

[3]《中国航天院士传记丛书》总编委会.中国航天院士传记丛书[M].北京：中国宇航出版社.

[4] 中国科学技术协会.中国科学技术专家传略（工程技术编）：航空航天卷2[M].北京：中国宇航出版社，2002.

[5] 国防科学技术委员会.中国航天50年回顾[M].北京：北京航空航天大学出版社，2007.

[6] 宋健.“两弹一星”元勋传[M].北京：清华大学出版社，2001.

[7] 贾英华.怎样写好人物传记[M].北京：中国宇航出版社，2014.

后 记

接到为已故院士刘兴洲写作传记的任务时，我感到很大的压力。主要原因有三点：一是我所在的单位工作状态非常忙碌，新闻战役一个接着一个，很难有集中的时间写书；二是刘兴洲院士已经去世，缺乏当事人的核心讲述，而外围采访存在很大局限性；三是我还有些尚需解决的个人事务，精力有限，担心顾此失彼。

在多方力量的劝说下，最终，我和陈龙、江雪莹组成了一个写作小组。我们这个小组成员非常年轻，均为“80后”，最小者出生于1989年。应该说，在传记写作领域，大家都非常缺乏经验。

不出所料，资料搜集、文章写作过程充满了各种艰难，一度甚至觉得难以为继。有段时间，写作小组成员情绪非常焦虑，但开弓已无回头箭，我们只能互相鼓劲，咬紧牙关继续前行。好在年轻人敢想敢为，经过写作小组成员的不懈努力与多方面的帮助，这本《刘兴洲院士传记》最终得以完成。通过撰写这本书，写作小组成员对刘兴洲院士的一生有了较为全面和系统的了解，并对中国航天动力技术的发展有了较为深刻的认识。

在整个过程中，动力技术研究所给予了我们最大程度的帮助——帮助联系刘兴洲家人、同事和学生，帮助我们借阅涉密资料，付出了巨大的心血。可以说，如果没有动力技术研究所的支持，这份手稿就无法出炉。这里，请允许我向动力技术研究所的郭翠萍女士、吴垚锃先生表示诚挚的感谢。

传记写作过程中还得到了中国宇航出版社张铁钧副社长、丁雅清女士的热情帮助以及对书稿中肯的修改意见，谭邦治研究员在成书期间也给予了悉心指导，在此向他们表示衷心的感谢。此外，特别需要感谢《中国航天报》赵岫总编在时间上给予的关照。

在本书的写作过程中，我们力求尊重历史，使书稿体现客观性与真实性，限于我们写作小组成员的水平和精力，书稿也存有不少遗憾之处。刘兴洲院士一生低调做事，很多轮廓性的故事无法展开细节，有些涉密内容也只能蜻蜓点水，个别史实细节可能还不够准确。因此，相比先生厚重的一生，书稿显得肤浅。希望先生在天之灵能够给予包容，也恳盼读者不断批评指正，帮助完善。

索阿娣

2015 年 7 月